MA

MISSION A ROME

MAI 1849

MA
MISSION A ROME

MAI 1849

MÉMOIRE

PRÉSENTÉ AU CONSEIL D'ÉTAT

PAR

M. FERDINAND DE LESSEPS

PARIS: AMYOT, RUE DE LA PAIX

1849

MÉMOIRE

PRÉSENTÉ AU CONSEIL D'ÉTAT

EXPOSÉ

DES FAITS RELATIFS A LA MISSION

DE

M. FERDINAND DE LESSEPS

A ROME

Mai 1849

« L'Assemblée nationale et le président de la République peuvent,
« dans tous les cas, déférer l'examen des actes de tout fonctionnaire,
« autre que le président de la République, au conseil d'État dont le
« rapport est rendu public. »

*Extrait du rapport fait au nom de la commission de Constitution dans
la séance du 30 août 1848.*

« La liberté républicaine exige que la responsabilité soit réelle.....
« C'est pour cela que notre projet constitue une haute cour de justice
« où l'Assemblée nationale peut renvoyer ses propres membres, les
« ministres et le président de la République. Quant aux autres fonction-
« naires, ils auront pour juges soit les tribunaux civils, soit le conseil
« d'État. En créant un tribunal nouveau, nous avons conservé les
« formes éprouvées et les garanties du droit commun. »

DE L'IMPRIMERIE DE CRAPELET, RUE DE VAUGIRARD, 9.

C'est la première fois que les actes diplomatiques d'un agent du ministère des affaires étrangères sont déférés au Conseil d'État et destinés à être l'objet d'un rapport public, en vertu de l'article 99 de la Constitution du 4 novembre 1848.

Désireux de me renfermer dans une défense légitime, j'ai recherché avec soin les motifs qui ont déterminé les rédacteurs de la Constitution à investir le Conseil d'État du droit d'examiner les actes des fonctionnaires.

En décidant que le rapport du Conseil sera rendu public, on a voulu que l'inculpé ne fût pas privé *des garanties du droit commun, et qu'il pût recourir à la publicité pour sa défense.* C'est la pensée de la commission de la Constitution exprimée dans le rapport dont j'ai placé un extrait en tête de cet écrit ; c'est aussi l'opinion d'hommes considérables et de jurisconsultes éminents dont j'ai recueilli les avis.

Ainsi, le gouvernement m'ayant ouvert une voie d'exception, je dois l'y suivre légalement et accepter la situation toute nouvelle dont il a dû à l'avance calculer les conséquences, et qui m'obligent à sortir de la réserve absolue dont je ne me serais jamais départi dans une circonstance ordinaire.

Le décret qui me défère au Conseil d'État porte la date du 9 juin; il a donc pu servir, depuis ce temps et sans contradiction, de base à l'opinion défavorable que des accusations malveillantes et répétées ont cherché à former contre moi. On appréciera le sentiment qui, dans les circonstances où nous nous trouvions alors, m'a empéché de répondre publiquement à ces attaques.

J'ai expliqué, dans une lettre à M. le vice-président de la République [1], pourquoi je m'étais abstenu de provoquer moi-même immédiatement l'exécution de ce décret. J'ai ensuite cru convenable d'attendre l'autorisation du Conseil d'État pour livrer mon mémoire à l'impression, après en avoir écarté tout ce qui n'était pas indispensable à ma défense et à l'appréciation de l'ensemble de ma conduite.

Paris, le 23 juillet 1849.

[1] *Pièces justificatives* n° 43, page 167

MISSION A ROME.

MAI 1849.

CHAPITRE PREMIER.

RÉCIT DES FAITS.

Lorsque l'armée autrichienne menaçait les frontières du Piémont, l'Assemblée nationale, usant de son initiative, invita le ministère à prendre une attitude résolue et l'autorisa, dans le cas où il le jugerait utile aux intérêts de la France, à occuper temporairement un point du territoire de la Péninsule italienne. Peu de jours après ce vote, la nouvelle du revers subi par les armes piémontaises dans la journée de Novare arriva à Paris. M. le président du conseil présenta, le 16 avril, à l'Assemblée nationale, la demande d'un crédit d'un million deux cent mille francs, pour subvenir au surcroît de dépenses nécessité par l'entretien, pendant trois mois, du corps expéditionnaire de la Méditerranée.

Voici, d'après le *Moniteur* du 17, les paroles prononcées par M. Odilon Barrot :

« L'Autriche poursuit les conséquences de sa victoire ; elle pourrait se prévaloir des droits de la guerre à l'égard des États plus ou moins engagés dans la lutte qui avait éclaté entre elle et la Sardaigne.

« Le contre-coup de ces événements s'est fait sentir dans l'Italie centrale. Les informations qui nous arrivent, annoncent dans les États Romains une crise imminente. La France ne peut y rester indifférente. Le protectorat de nos nationaux, *le soin de maintenir notre influence en Italie, le désir de contribuer à garantir aux populations romaines un bon gouvernement fondé sur des institutions libérales*, tout nous fait un devoir d'user de l'autorisation que vous avez accordée....... *Ce que nous pouvons affirmer dès à présent, c'est que du fait de notre intervention sortiront d'efficaces garanties et pour les intérêts de notre pays et pour la cause de la vraie liberté.* »

Le rapporteur de la commission chargée d'examiner l'urgence, s'exprime ainsi :

« Des explications de M. le président du conseil et de M. le ministre des affaires étrangères, il est résulté que *la pensée du gouvernement n'est pas de faire concourir la France au renversement de la République qui subsiste actuellement à Rome*, qu'il agit dans sa liberté, *dégagé de toute solidarité avec d'autres puissances*, ne consultant que ses intérêts, son honneur, la part d'influence qui lui appartient nécessairement dans tout grand débat européen. Votre commission a pris acte de ces déclarations positives....... Fille d'une révolution populaire, la République française ne pourrait, *sans s'amoindrir, coopérer à l'asservissement d'une nationalité indépendante*. Mais c'est précisément parce que le Piémont a succombé, parce que les armées impériales menacent la Toscane et la Romagne, en vertu des lois de la guerre et des priviléges de la victoire, c'est parce qu'à leur suite éclateraient nécessairement de cruelles réactions qu'il importe à la France, sous peine d'abdiquer, de faire flotter son drapeau en Italie, pour qu'à son ombre, *l'humanité soit respectée et la liberté au moins partiellement sauvée*.

« Votre commission a compris qu'en autorisant le pouvoir exécutif *à occuper un point de l'Italie aujourd'hui menacé*, vous lui donneriez pour mission de poser une limite *aux prétentions de l'Autriche*, et de terminer PAR UN ARBITRAGE *que la force de nos armes appuierait au besoin* tous les différends qui divisent encore la Péninsule et que notre intérêt comme notre honneur nous commande *de trancher dans le sens le plus favorable possible au développement des institutions démocratiques.* »

M. le président du conseil interpellé répondit qu'il était heureux des sentiments qui s'étaient manifestés au sein de la commission, et que ces sentiments étaient l'expression de sa pensée. Il ajouta : *Je le répète, je ne retire rien des paroles que j'ai prononcées dans le sein de la commission, et qui ont été reproduites à cette tribune.*

Le crédit de 1,200,000 fr. fut voté. L'expédition française partit pour Civita-Vecchia, où elle fut précédée de vingt-quatre heures par la frégate à vapeur *le Panama*, ayant à bord M. Espivent, chef d'escadron d'état-major, et M. de Latour d'Auvergne, secrétaire de légation. Ces deux agens, descendus à terre pour s'enquérir de l'accueil qui serait fait au corps expéditionnaire, eurent une entrevue avec le préfet M. Manucci. A la suite de quelques pourparlers et des difficultés qui se présentèrent, il fut jugé indispensable de rassurer les populations romaines sur les intentions de la France, et de lever par une notification précise les obstacles qui s'opposaient à l'admission des troupes françaises.

Voici le texte de cette notification :

Déclaration du corps des troupes françaises au préside de Civita-Vecchia.

« Le gouvernement de la République française, toujours animé d'un esprit très-libéral, *déclare vouloir respecter le vœu de la majorité des populations romaines,* et vient sur leur territoire amicalement, dans le but de maintenir sa légitime influence. *Il est de plus bien décidé à ne vouloir imposer à ces populations aucune forme de gouvernement qui ne serait pas choisie par elles.*

« Pour ce qui concerne le gouvernement de Civita-Vecchia, il sera conservé dans toutes ses attributions, et le gouvernement français pourvoira à l'augmentation des dépenses occasionnées par le corps expéditionnaire.

« Toutes les denrées et toutes les réquisitions qui seront faites pour les besoins des troupes françaises seront payées en argent comptant.

Civita-Vecchia, 24 avril 1849.

« Le chef d'escadron, aide-de-camp du commandant en chef,

« ESPIVENT. »

Cette publication fut suivie d'une adresse de

la municipalité de Civita-Vecchia, portant en substance qu'on se fiait à la loyauté de la France, à son esprit protecteur de toutes les libertés ; et que si, par impossible, cette confiance était trahie, on en appelait au jugement de l'Europe. La municipalité ajoutait : « Vous avez ici, général, l'expression de l'opinion de notre population, qui vous bénira vous et votre armée si vous êtes pour nous des frères qui nous secoureront aux jours de l'adversité..... Recevez l'affectueuse bienvenue que, par notre bouche, vous offre cette population confiante dans la noblesse et l'honneur de la nation française. — Vive la République française, et Dieu sauve la République romaine ! »

Cependant l'assemblée romaine et le triumvirat, qui avaient été prévenus et consultés, répondirent qu'on ne pouvait pas recevoir amicalement une intervention qui avait d'abord paru hostile, et que Civita-Vecchia eût à résister jusqu'à la dernière extrémité. Mais il n'était plus temps ; déjà nos troupes campaient sur la place de la ville, le service était confié moitié aux soldats français, moitié aux soldats romains ; le drapeau tricolore français et le drapeau tricolore de l'indépendance italienne flottaient entrelacés au sommet d'un arbre de la liberté, planté pour la circonstance.

Au moment où nos troupes débarquaient à Civita-Vecchia, le 25 avril, l'assemblée romaine adressait au général Oudinot la protestation suivante :

« L'Assemblée romaine émue de la menace d'invasion du territoire de la République, convaincue que cette invasion, que n'a pas provoquée sa conduite à l'égard de l'étranger, que n'a précédée aucune communication du gouvernement français, excite à l'anarchie un pays qui, tranquille et bien organisé, se repose sur la conscience de ses droits et sur la concorde de ses concitoyens, qu'elle viole en même temps le droit des gens, les engagements contractés par la nation française dans sa Constitution et les rapports de fraternité qui devraient naturellement lier les deux Républiques, proteste, au nom de Dieu et du peuple, contre cette invasion inattendue, proclame sa ferme résolution de résister et rend la France responsable de toutes les conséquences. »

Rome, 25 avril 1849.

« Fait en séance publique à onze heures du matin.

« Le président de l'Assemblée,

« A. SALICETTI. »

« Les secrétaires,

« FABRETTI, COCCHI-PENNACCHI. »

Le lendemain M. le général Oudinot publiait la proclamation qu'on va lire et qui lui avait été remise toute rédigée par M. le ministre des affaires étrangères, pour le cas où, suivant sa propre déclaration, *il ne rencontrerait pas à Rome de résistance sérieuse et où il y serait appelé par le vœu de la population.*

« Habitants des États Romains, un corps d'armée française est débarqué sur votre territoire; *son but n'est point d'y exercer une influence oppressive, ni de vous imposer un gouvernement qui serait opposé à vos vœux.* Il vient vous préserver, au contraire, des plus grands malheurs.

« Les événements politiques de l'Europe rendaient inévitable l'apparition d'un drapeau étranger dans la capitale du monde chrétien. La République française en y portant le sien avant tout autre, donne un éclatant témoignage de ses sympathies envers la nation romaine.

« Accueillez-nous en frères, nous justifierons ce titre; nous respecterons vos personnes et vos biens; nous paierons en argent toutes nos dépenses; *nous nous concerterons avec les autorités existantes pour que notre occupation momentanée ne vous impose aucune gêne, nous sauvegarderons l'honneur militaire de vos troupes en les associant partout aux nôtres pour assurer le maintien de l'ordre et de la liberté.*

« Romains, mon dévouement personnel vous est acquis. Si vous écoutez ma voix, si vous avez confiance dans ma parole, je me consacrerai sans réserve aux intérêts de votre belle patrie. »

Civita-Vecchia, 26 avril 1849.

« Le général en chef,

« OUDINOT DE REGGIO. »

Lorsque le général eut la certitude que Rome voulait résister, il décréta l'état de siége à Civita-Vecchia, fit occuper militairement le Fort et la Darce qui avaient été laissés jusque-là à la garde des troupes du pays ; la garnison fut désarmée, on mit le séquestre sur cent cinquante caisses de fusils qui allaient être dirigées sur Rome et il fut interdit à la municipalité de se réunir pour s'occuper d'objets politiques.

Le préfet Manucci fit la protestation suivante :

« Le gouvernement de Civita-Vecchia, immensément surpris à la nouvelle du désarmement de la garnison et de l'occupation du fort par une partie des troupes françaises, cherche vainement à concilier ces mesures de guerre avec les assurances solennelles d'amitié écrites et proclamées par le commandant de l'expédition, en face de la ville, en face de l'Europe.

« Il cède, mais non volontairement, à la force majeure, il proteste, etc..... »

Civita-Vecchia, 27 avril 1849.

« M. Manucci. »

Ce fonctionnaire ayant continué à correspondre avec le triumvirat romain, et sa correspondance ayant été interceptée, il fut arrêté et emprisonné dans le fort de Civita-Vecchia.

Le général en chef poursuivait son projet de se présenter devant Rome. On lui avait écrit de Gaëte qu'il serait reçu à bras ouverts par la majorité de la population. Les autorités romaines lui firent savoir officiellement de leur côté, par M. Rusconi, ministre des affaires étrangères, et par M. Pescantini, délégués à cet effet au quartier général, que ses renseignements n'étaient point exacts, et qu'il rencontrerait une résistance énergique ; mais il ne crut pas devoir tenir compte de cet avis, et, n'attendant même pas le retour du colonel du génie, M. Leblanc, qu'il avait envoyé pour recueillir des informations, il s'approcha des murs de Rome, et combattit le 30 avril. On connaît les résultats de cette action à laquelle la population romaine prit spontanément une part très-active [1].

[1] J'ai moi-même constaté dans les hôpitaux où étaient recueillis

L'assemblée nationale française s'en émut. Le président du conseil, répondant aux attaques de l'opposition, dit : « Ce qui aurait dû vous imposer quelque réserve, c'est cette proclamation dont vous avez parlé avec éloge, c'est le premier acte du général commandant l'expédition, mettant le pied sur le sol italien. Vous avez parlé de cette phrase *où le général traite les Italiens de frères*, où il se présente comme ami, comme *auxiliaire de la grande cause de la liberté*, comme désintéressé personnellement. On sait bien que la France l'est dans les questions territoriales de l'Italie, *comme ne pouvant y être conduite que par les intérêts de la liberté; on le sait bien!....*

« Eh bien, cette proclamation qui a mérité vos éloges, dont vous vous êtes fait au besoin une arme contre le cabinet lui-même, que direz-vous quand vous aurez découvert qu'elle est l'œuvre du ministre des affaires étrangères lui-même? Un acte aussi important était, après les instructions données, le premier, et *devait contenir la pensée même de l'expédition..... »*

(Moniteur du 8 mai.)

Le rapporteur de la commission chargée de formuler une résolution d'après les documents pro-

___

les blessés du 30 avril que sur dix blessés, il y en avait au moins huit romains.

duits par le ministère s'exprime ainsi dans la séance de nuit du 7 : « Quant à la marche de l'expédition, il était bien entendu qu'elle occuperait militairement Civita-Vecchia, lieu choisi pour le débarquement, et qu'elle vaincrait même les résistances qui pourraient lui être opposées. Mais une fois là, nous attendrions les événements et nous ne marcherions sur Rome que pour la *préserver d'une intervention étrangère*, ou des excès d'une contre-révolution, en un mot, selon l'expression de M. le président du conseil à la commission, nous n'irions à Rome que comme protecteurs ou *comme arbitres demandés....*

« La majorité de votre commission, en comparant les faits révélés par les dépêches avec tout ce qui avait été annoncé à l'Assemblée et avec les déclarations qui avaient déterminé son vote, a jugé que la direction donnée à l'expédition n'était pas conforme à la pensée dans laquelle elle avait été conçue et acceptée.....

« En conséquence, votre commission a l'honneur de vous proposer cette résolution :

« *L'Assemblée nationale invite le gouvernement à prendre sans délai les mesures nécessaires pour que l'expédition d'Italie ne soit pas plus longtemps détournée du but qui lui était assigné.*

Avant de passer au vote, on entend M. le ministre des affaires étrangères. Je vais transcrire les passages de son discours se rapportant particulièrement à la marche sur Rome :

« On nous dit qu'il ne fallait pas marcher sur Rome, qu'il ne fallait pas autoriser la marche sur Rome. *On oublie donc dans quelles conditions cette marche était autorisée?* Je rappelle ces deux conditions : *la première, c'était de ne pas y rencontrer une résistance sérieuse;* la deuxième, c'est *qu'on y serait appelé par le vœu des populations.* . . . . »

« Quel était le but de l'expédition? ajoute le ministre, j'en appelle à tous vos souvenirs, j'en appelle à toutes les inspirations du bon sens, le but de l'expédition était de mettre un poids dans la balance où se pesaient les destinées de l'Italie ; d'assurer aux populations romaines les conditions d'un bon gouvernement, d'une bonne liberté, conditions qui auraient été compromises par la réaction *ou par l'intervention étrangère.* Eh bien, je dis que pour exercer cette double action il fallait avoir une forte position dans les États romains. . . . .

« La question est donc celle-ci : *Avons-nous donné pour instructions au général Oudinot d'attaquer la République romaine?* Eh bien! ce sont là des questions de bonne foi : j'en appelle à tous ceux qui ont lu les instructions, et je leur demande s'ils y trouvent une seule indication de ce genre. *On dit que le général Oudinot a dû faire une sommation au gouvernement romain de se dessaisir de son pouvoir.*

« Je demande qu'on produise la preuve d'une pareille sommation; cette preuve n'existe pas. »

La résolution de la commission est adoptée par l'Assemblée à une grande majorité : 338 voix contre 241.

Le ministère l'accepte; afin de prouver qu'il en tient compte, il fait partir immédiatement pour le quartier général français et pour Rome un agent diplomatique.

Le lendemain, à la séance du 9, M. le président du conseil explique en ces termes l'objet de la mission confiée à cet agent :

« Je vous déclare que tant que j'aurai dans les mains une partie du pouvoir dans ce pays, les armes de la France n'auront pas servi à *restaurer des abus impossibles.*

« C'est dans ce sentiment, pour connaître avec précision, par le témoignage d'agents désintéressés, la vérité des faits, et c'est, en outre, pour porter sur le théâtre même de l'expédition *l'expression fidèle, exacte, de la pensée du l'Assemblée et de celle du gouvernement, quant* AU BUT, *quant* AU CARACTÈRE *que doit, jusqu'au bout et à travers toutes les éventualités, conserver l'expédition française;* c'est pour cela que, par décision du cabinet, et c'est ici le gouvernement en conseil qui est intervenu, qu'un envoyé, qui a toute notre confiance, que vous avez éprouvé dans des circonstances difficiles, qui a toujours servi la cause de la liberté et de l'humanité, M. de Lesseps, si vous voulez savoir son nom, a été envoyé. Il est parti avec la recommandation expresse de se mettre immédiatement en communication avec le gouvernement, *de le tenir au courant, jour par jour, de tous les incidents qui peuvent survenir, et avec l'instruction formelle d'employer tout ce qu'il pouvait avoir d'influence à faire sortir de notre intervention des garanties sérieuses et réelles de liberté pour les États romains.* »

M. le ministre des affaires étrangères m'avait en effet appelé, dans la matinée du 8, le lendemain des deux séances de jour et de nuit auxquelles j'avais assisté. Il me demanda si j'étais disposé à aller remplir une mission à laquelle il attachait la plus grande importance, et m'apprit que le gouvernement, réuni en conseil, m'avait déjà désigné. Après l'avoir remercié des obligeantes paroles qu'il me dit à ce sujet, je lui répondis que, du moment où j'étais l'objet d'une aussi honorable confiance, je devais avoir la franchise de déclarer que, si le gouvernement n'avait pas été inspiré dès le début, par une politique franche et décidée, il eût été bien préférable de ne pas nous compromettre en faisant partir l'expédition de Civita-Vecchia. Au surplus, ajoutai-je, nous sommes engagés, maintenant il s'agit de réparer le mal fait par l'affaire du 30 avril. Je partirai dans deux heures, si vous voulez, et je vous promets que, pour atteindre le but indiqué par le gouvernement et rappelé par le vote d'hier, je ne reculerai devant aucun obstacle. Le ministre me félicita sur mon empressement et il ajouta que la manière dont je m'exprimais était d'un bon augure et justifiait déjà le choix du gouvernement. Il fit, en ma présence, appeler dans son cabinet le chef de la direction politique, et lui ordonna de rédiger des instructions destinées à me laisser assez de latitude pour que mon action politique ne fût pas entravée, soit par le général chargé des opérations militaires, soit par des directions trop précises que l'ignorance d'événements imprévus, ayant pu survenir en Italie depuis le 30 avril, ne permettait pas de me donner dans ce moment. Il me recommanda ensuite de prendre deux exemplaires du *Moniteur* du 8, l'un pour le général Oudinot, l'autre pour moi, jugeant que c'était là surtout que nous devions puiser nos instructions et nos déterminations. Il m'engagea à le revoir avant mon départ et à me rendre, en attendant, à l'Élysée ainsi qu'au ministère de la justice.

M. le président de la république ne me donna, dans la première audience qu'il m'accorda, aucune instruction précise. M. Odilon Barrot fut plus explicite : il me dit à peu près ce qu'il répéta le lendemain à l'Assemblée nationale. Je produirais, s'il était nécessaire, tous les détails de notre conversation que j'ai eu soin de consigner immédiatement dans mes notes, il ne me dissimula pas les graves embarras que causait au gouvernement l'affaire du 30 avril, dont les conséquences avaient produit une impression défavorable *sur une chambre qui en définitive était souveraine.*

M. le ministre des affaires étrangères me remit dans la soirée, mes instructions écrites dont voici le texte :

« Monsieur, les faits qui ont marqué le début de l'expédition française dirigée sur Civita-Vecchia, étant de nature à compliquer une question qui se présentait d'abord sous un aspect plus simple, le gouvernement de la République a pensé qu'à côté du chef militaire, chargé de la direction des forces envoyées en Italie, il convenait de placer un agent diplomatique qui, se *consacrant exclusivement aux négociations et aux rapports à établir* AVEC LES AUTORITÉS *et les populations romaines*, pût y porter toute l'attention, tout le soin nécessaires dans d'aussi graves matières. Votre zèle éprouvé, votre expérience, la fermeté et l'esprit de conciliation dont vous avez eu à faire preuve en plus d'une occasion dans le cours de votre carrière, vous ont désigné, pour cette mission délicate, au choix du gouvernement. Je vous ai expliqué l'état de la question dans laquelle vous allez avoir à intervenir. Le but que nous nous proposons, c'est tout à la fois de soustraire les États de l'Église à l'anarchie qui les désole, et d'empêcher que le rétablissement d'un pouvoir régulier n'y soit attristé et même compromis dans l'avenir par une aveugle réaction. Tout ce qui, en prévenant le développement de l'intervention exercée par d'autres puissances, animées de sentiments moins modérés, laissera plus de place à notre influence particulière et directe, aura pour effet naturel de rendre plus facile à atteindre le but que je viens de vous indiquer. Vous devrez donc mettre tous vos soins à amener le plus promptement possible un tel résultat, mais dans les efforts que vous ferez à cet effet, vous aurez à fuir deux écueils que je dois vous signaler. Il faut vous abstenir de tout ce qui pourrait donner lieu aux hommes investis en ce moment, dans les États romains, de l'exercice du pouvoir, de croire ou de faire croire que nous les considérons comme un gouvernement régulier, ce qui leur prêterait une force morale dont ils ont été dépourvus jusqu'à présent. Il faut, dans *les arrangements partiels que vous pourrez avoir à* CONCLURE *avec eux*, éviter toute parole, toute stipulation propre à éveiller les susceptibilités du saint-siége et de la conférence de Gaëte, trop portés à croire que nous sommes disposés à faire bon marché de l'autorité et des intérêts de la cour de Rome. Sur le terrain où vous allez vous trouver placé, avec les hommes à qui vous aurez à faire, la forme n'est guère moins importante que le fond. Telles sont, Monsieur, les seules directions que je puisse en ce moment vous donner. Pour les rendre plus précises, plus détaillées, il faudrait avoir, sur ce qui s'est passé depuis quelques jours dans les États romains, des informations qui nous manquent. *Votre jugement droit et éclairé vous inspirera suivant les circonstances.* Vous devez, d'ailleurs, vous concerter avec MM. d'Harcourt et de Rayneval sur tout ce qui aura quelque gravité, *sur tout ce qui n'exigera pas une solution absolument immédiate.* Je n'ai pas besoin de vous recommander d'entretenir avec M. le général Oudinot des rapports intimes et confiants, absolument nécessaires au succès de l'entreprise à laquelle vous êtes appelés à concourir ensemble.

« E. Drouyn de Lhuys. »

M. Drouyn de Lhuys me donna lui-même lecture de ces instructions ; il s'arrêta au premier paragraphe, qui m'autorisait à *me consacrer exclusivement aux négociations et aux rapports à établir avec les autorités et la population romaine*, et me fit remarquer qu'on me faisait une part assez large et assez indépendante du général en chef ; il appuya sur le dernier paragraphe qui me donnait toute latitude en présence d'événements ou de difficultés imprévues. Quant au passage concernant le concert avec MM. d'Harcourt et de Rayneval, je demandai en quoi devait consister ce concert. Il me fut répondu : « Envoyez-leur des duplicata de vos dépêches. » J'étais encore chez le ministre lorsqu'un message de M. le Président de la République m'invita à retourner à l'Élysée. M. Drouyn de Lhuys me recommanda de venir lui faire part de ce qui s'y serait passé.

M. le Président me dit que, depuis le matin, il avait beaucoup réfléchi à l'objet de ma mission, qu'un point surtout, dont il craignait de ne pas m'avoir entretenu, le préoccupait extrêmement, c'était l'attitude de nos troupes en présence d'une intervention armée des Autrichiens et des Napolitains, dont nous devions, *à tout prix*, éviter de laisser l'action se confondre avec la nôtre. Il me remit une lettre particulière pour le général Oudinot, et il prit connaissance de mes instructions, qu'il trouva peu explicites.

Lorsque je répétai à M. Drouyn de Lhuys l'observation de M. le Président de la République, au sujet d'une intervention étrangère dans les États romains, il me demanda quel sens je donnais à ces mots *à tout prix*, s'appliquant aux obstacles à apporter à une action qui paraîtrait ou qui tendrait à devenir commune avec les Autrichiens et les Napolitains.

« C'est à vous, répondis-je, à vous entendre avec M. le Président et à m'en écrire. Quant à moi, je les accepte dans le sens le plus large, en attendant de nouvelles directions. Toutefois, vous pouvez compter que je vous réserverai toujours votre liberté de décision. »

Dans ce moment le salon de M. Drouyn de Lhuys était plein de visiteurs, c'était son jour de réception; je pris congé de lui. Peu d'heures après j'étais sur la route de Toulon, où le télégraphe me faisait préparer un bâtiment.

Je reçus, avant de m'embarquer, deux dépêches du ministère, en date du 9 et du 10[1].

---

[1] *Pièces justificatives*, nos 1, 2, 3.

La première indiquait les directions données aux plénipotentiaires français à Gaëte, à l'effet de combattre les pensées de réaction absolutiste qui se manifestaient dans les conseils du Saint-Père ; la seconde approuvait le général Oudinot d'avoir renvoyé de Civita-Vecchia trois commissaires venus au nom du Pape et dont la mission, prise en mauvaise part par les Romains, pouvait gêner notre action.

En même temps M. le ministre des affaires étrangères, toujours sous l'impression du vote du 7 mai et du refus fait par le cabinet de Gaëte d'aider notre entreprise, et de donner aux populations romaines des promesses d'institutions libérales, expédiait au général Oudinot la dépêche télégraphique suivante destinée à më devancer dans le cas où mon arrivée en Italie eût été retardée.

Paris, 10 mai, dix heures du matin.

« Faites dire aux Romains que nous ne vou-
« lons pas nous joindre aux Napolitains contre
« eux. Poursuivez des négociations dans le sens
« de vos déclarations. On vous envoie des ren-
« forts, attendez-les. Tâchez d'entrer à Rome,
« d'accord avec les habitants, ou, si vous êtes
« contraint d'attaquer, que ce soit avec les chances
« de succès les plus positives. »

J'arrivai au quartier général de Castel de Guido,

le 15 à une heure du matin. Immédiatement introduit chez le général en chef, je lui donnai lecture, d'après le *Moniteur*, dont je lui laissai un exemplaire, du compte-rendu de la séance de l'assemblée nationale du 7, et je lui communiquai mes instructions. Il me promit son concours pour l'accomplissement de ma mission. Mon arrivée devant modifier des opérations déjà commencées, il s'empressa d'expédier, dans plusieurs directions, des ordonnances, afin que les mouvements offensifs, qui pouvaient gêner mes négociations, ne fussent pas exécutés. Je me rendis à Rome, accompagné de M. de La Tour d'Auvergne, secrétaire de légation.

Dans la même journée, j'écrivis ce qui suit au général en chef :

« Dans la situation d'attente où nous nous trouvons, il me paraît extrêmement important d'éviter toute espèce d'engagement. Je vois une ville entière en armes......... Je trouve ici, au premier abord, l'aspect d'une population décidée à la résistance, et, rejetant les calculs exagérés, on peut compter au moins sur vingt-cinq mille combattants sérieux. Si nous entrions de vive force dans Rome, non-seulement nous passerions sur le corps de quelques aventuriers étrangers, mais nous laisserions sur le carreau, des bourgeois, des boutiquiers, des jeunes gens de famille, toutes les classes enfin qui défendent l'ordre et la société à Paris......... Il faut donc que nous tenions compte de cette situation, que nous ne précipitions rien, que nous n'engagions pas notre Gouvernement *contrairement au but qu'il a manifesté au commencement de l'expédition, dont il vient encore de renouveler la déclaration, et, en définitive contrairement au vœu de l'Assemblée nationale.* »

Je ne crois pas inutile de faire observer au Conseil que, dès le premier jour de mon entrée en fonctions, je me suis posé vis-à-vis du général Oudinot comme l'exécuteur du vote du 7 mai, et que je me suis empressé de joindre à ma dépêche du 16, adressée à M. Drouyn de Lhuys, une copie de la lettre dont je viens de donner l'extrait.

Je convins verbalement avec M. le général Oudinot et les autorités romaines d'une suspension d'hostilités. Ce résultat obtenu, je cherchai à bien me rendre compte de la situation et de toutes les difficultés auxquelles je devais m'attendre. Je ne tardai pas à reconnaître qu'à Rome j'aurais à lutter contre les préventions d'une population encore fort irritée des événements du 30 avril ; contre l'impossibilité où nous nous trouvions de reconnaître la République romaine, ou même de promettre le maintien d'un gouver-

nement se croyant aussi légitime que le nôtre,
et contre l'aveuglement de certaines personnes
influentes, qui comptaient, pour la réussite de
leur cause, sur un mouvement révolutionnaire
à Paris, de même que beaucoup de personnages
politiques français croyaient à l'existence d'un
parti *modéré romain,* lequel avait, dit-on, promis de nous faire ouvrir les portes de Rome, le
30 avril, et serait certainement plus heureux
une autre fois, si nous recommencions l'attaque
de la ville.

D'un autre côté, j'avais déjà remarqué que
l'impatience de plusieurs généraux, le désir de
réparer un échec personnel, les excitations con-
tinuelles d'agents intéressés à la reprise des hostilités, l'écho des conseils peu éclairés qui dirigeaient le Saint-Père, devaient me susciter au
quartier-général français des obstacles moins im-
minents, mais peut-être plus persévérants que
ceux dont j'avais à triompher à Rome.

Deux premières dépêches du 16 et du 18 mai[1]
rendent compte au gouvernement de mes rapports avec les autorités romaines et du commencement de mes négociations.

Dès le 16, je m'étais entendu avec M. le général Oudinot pour rédiger le projet suivant, qui
fut ensuite approuvé par M. d'Harcourt, et que

---

[1] *Pièces justificatives,* nᵒˢ 4 et 5.

j'expédiai au ministère en le prévenant qu'il su-
birait certainement des modifications :

« Art. 1er. Aucune entrave ne sera plus ap-
portée par l'armée française à la liberté des
communications de Rome avec le reste des États
romains.

« Art. 2. Rome accueillera l'armée française
comme une armée de frères.

« Art. 3. Le pouvoir exécutif actuel cessera ses
fonctions. Il sera remplacé par un gouvernement
provisoire, composé de citoyens romains et désigné par l'assemblée nationale romaine, jusqu'au moment où les populations, appelées à
faire connaître leurs vœux, se seront prononcées
sur la forme de gouvernement qui devra les ré-
gir, et sur les garanties à consacrer en faveur du
catholicisme et de la papauté. »

Je reconnus bientôt, à ma première conférence
avec les autorités romaines, que ce projet ne
pourrait même pas être discuté sans inconvénient; et que l'art. 3, relatif à la démission du
pouvoir exécutif, donnerait lieu à des débats
interminables. D'ailleurs une pareille clause, vivement désirée par le général en chef, ne me paraissait ressortir ni de mes instructions, ni des
discours de M. Drouyn de Lhuys, qui avait, au
contraire, dans la séance du 7, *défié l'opposition de trouver la preuve d'une sommation*

quelconque faite au gouvernement romain de se dessaisir du pouvoir. La première proclamation du général Oudinot, rédigée, comme on l'a vu, par le ministre lui-même, était d'ailleurs fort explicite à ce sujet, puisqu'elle disait : « Nous nous concerterons avec les autorités exis-« tantes pour que notre occupation momentanée « ne vous impose aucune gêne. » Je reconnus en outre, après m'être bien renseigné sur les dispositions réelles des esprits, que ma mission étant spéciale, et s'appliquant seulement à une conciliation entre l'armée française et les populations romaines, il était prudent de réserver, dans toute leur intégrité, les questions relatives au Saint-Père, et de ne mêler ni sa personne sacrée, ni le catholicisme, à des discussions publiques dont on ne pouvait pas calculer les écarts. Il était donc plus politique de renfermer ces discussions dans les limites d'un arrangement partiel, préliminaire indispensable des négociations générales, qui se poursuivraient plus tard entre les divers gouvernements.

Une nouvelle rédaction fut donc convenue entre le général Oudinot et moi. Les trois commissaires élus par l'Assemblée constituante romaine furent chargés de la discuter avec nous. Ils vinrent me trouver ; mais comme ils m'annoncèrent que l'Assemblée ne leur avait pas donné d'autre pouvoir que celui d'entendre et de référer, je jugeai peu convenable d'établir des conférences avec eux au quartier général. Ils furent seulement chargés de soumettre à l'Assemblée les trois propositions dont voici le texte :

« Art. 1er. Les États romains réclament la protection fraternelle de la République française.

« Art. 2. Les populations romaines ont le droit de se prononcer librement sur la forme de leur gouvernement.

« Art. 3. Rome accueillera l'armée française comme une armée amie. Les troupes françaises et romaines feront conjointement le service de la ville. Les autorités romaines fonctionneront suivant leurs attributions légales. »

Pour expliquer au Gouvernement les changements apportés à l'article 3 du premier projet, qui pouvait éveiller les susceptibilités du Saint-Siége, et pour faire bien comprendre que je m'attachais avec le plus grand soin à ne pas dévier de la ligne tracée par mes instructions, j'écrivais le 22 à Paris [1] :

« C'est avec une intention bien arrêtée que j'ai changé l'article 3 du projet d'arrangement. J'ai cherché à le rédaire à sa plus simple expression, en écartant tout ce qui n'était pas question du moment et en évitant les deux écueils qui m'a-

[1] *Pièces justificatives*, n° 10.

vaient été signalés : celui de reconnaître la République romaine et l'autre d'éveiller les susceptibilités de Gaëte en ne faisant aucune allusion
au conflit élevé entre le Saint-Père et les libertés
romaines. J'avais en outre jugé, après un mûr
examen, qu'en maintenant cet article tel qu'il
était d'abord nous rendrions impossible dès le
début nos tentatives de conciliation.

Le premier projet ne parlait pas de l'occupation de Rome par l'armée française, le second
en fait mention expresse d'après l'opinion qui
m'avait été exprimée par M. le général Oudinot
et par M. d'Harcourt. Bien que mon avis fût contraire à l'occupation militaire de Rome par l'armée française, pour des motifs que je déduirai
plus loin, je ne voulus pas me refuser à en faire
la demande, malgré la crainte que j'avais de ne
pas voir réussir cette proposition, et ne voulant
pas commencer par me séparer des personnes
dont je recherchais le concert. C'est ainsi que je
fus amené à proposer que le service de la capitale fût fait par nos troupes, conjointement avec
les troupes romaines. Cependant nous avions
déjà l'exemple de Civita-Vecchia qui n'était pas
encourageant pour persévérer dans ce système.

Le triumvirat me fit connaître, par une note
en date du 19, que nos propositions n'avaient
pas pu être acceptées, parce qu'on n'y trouvait

pas de garanties suffisantes en faveur des libertés et de l'indépendance des États romains, et que l'occupation militaire de Rome était contraire, dans ce moment, à l'opinion de la population. On déclarait en même temps que les opérations de siége et de resserrement de la place, continuées par l'armée française, opérations que l'on croyait contraires à l'esprit de la suspension d'armes, n'avaient pas peu influé sur la décision de l'Assemblée[1]. On terminait en annonçant l'envoi, pour le lendemain, d'une contre-proposition, sur laquelle on fondait des espérances d'arrangement.

Le 22, cette contre-proposition ne m'étant pas parvenue, je dus signifier aux autorités romaines, d'accord avec le général Oudinot, que nous croyions avoir épuisé tous les moyens de conciliation, et nous accompagnions notre note[2] d'une déclaration de rupture de négociation[3] à la suite de laquelle nous nous engagions à notifier, huit jours à l'avance, la reprise des hostilités. J'avais calculé, avec le général Oudinot, que ce délai m'était nécessaire pour recevoir de Paris, au moins par le télégraphe, une réponse à mes premières dépêches.

Mais le même jour, 22, le pouvoir exécutif

---

[1] *Pièces justificatives,* n° 11.

[2] *Pièces justificatives,* n° 15.

[3] *Pièces justificatives,* n° 16.

romain me répondit[1] que si la contre-proposition annoncée n'avait pas été officiellement transmise, *c'était parce que de nouvelles bases de négociations* avaient été, pendant les deux jours précédents, l'objet de communications verbales entre le président de l'Assemblée nationale romaine, le général Oudinot et l'envoyé des États-Unis. Je m'informai immédiatement, auprès de M. le général en chef, de la vérité de cette assertion, il s'empressa de m'écrire la lettre suivante :

« L'ambassadeur des États-Unis (M. Cass, fils du général) était venu hier à mon quartier-général, et m'avait exprimé le désir de contribuer, *dans des conditions non officielles,* à faire comprendre au gouvernement romain la nécessité de mettre promptement un terme aux calamités qui pèsent sur la population. J'ai dit à l'ambassadeur des États-Unis, qu'au point de vue de l'humanité, j'étais associé à ce vœu, que je préférais la paix à la guerre, mais que je réclamais, avant tout, une solution immédiate. J'ai ajouté que si l'on nous contraignait à la guerre, le succès ne pouvait être douteux. Je n'ai point d'ailleurs confié à M. l'ambassadeur des États-Unis le soin de faire des propositions en mon nom. Je recueille volontiers, à titre de renseignements, les

---

[1] *Pièces justificatives,* n° 17.

opinions individuelles, et c'est de concert *avec vous seul* que je fais connaître à Rome les conventions qui me semblent compatibles avec les droits et la dignité de mon pays. »

M. le général Oudinot, regrettant beaucoup que la démarche de M. Cass, à laquelle il n'avait pas attaché d'importance, eût servi d'excuse au retard apporté par les triumvirs dans leur réponse à notre ultimatum, se rappela que l'agent américain avait, en effet, laissé entre ses mains un papier qu'il avait à peine lu. Ce papier me fut remis; il contenait les trois propositions que je transcris ci-après :

« Art. 1er. La *République romaine*, acceptant les délibérations de l'Assemblée française qui autorisaient l'envoi de troupes en Italie, pour empêcher l'intervention étrangère, sera reconnaissante de l'appui qu'elle en recevra.

« Art. 2. Les populations romaines ont eu le droit de se prononcer librement sur la forme de leur gouvernement, et la République française, qui ne l'a jamais mis en doute, se plaira à la reconnaître solennellement, lorsque la Constitution votée par l'Assemblée nationale sera sanctionnée par le vote général.

« Art. 3. Rome accueillera les soldats français comme des frères; mais les troupes ne l'occuperont que lorsque, menacée de près, le gouvernement de la République leur en adresserait la demande. Les autorités civiles et militaires de la *République romaine* fonctionneront suivant leurs attributions légales. La République française garantit plus spécialement le droit qu'elle reconnaît à l'Assemblée constituante de terminer et de mettre à exécution la Constitution de la République. »

Ce projet était entièrement écrit de la main de M. C. Bonaparte, vice-président de l'Assemblée romaine, qui m'en donna ensuite un second exemplaire. Dans celui qui avait été remis au général Oudinot par M. Cass, ce dernier avait introduit un quatrième article où il était question de le faire intervenir comme signataire, en sa qualité de ministre des États-Unis.

On comprendra qu'en présence de mes instructions je me sois abstenu de discuter des propositions où il était question, presque à chaque ligne, de la République romaine que je n'avais pas été chargé de reconnaître. Je ne voulus même pas qu'elles fussent, de ma part, l'objet d'une communication écrite.

Cet incident me fit soupçonner que le pouvoir exécutif romain, me voyant décidé à suivre invariablement la ligne que j'avais adoptée dès le principe, cherchait à agir en dehors de moi sur l'esprit du général en chef; d'un autre côté, je savais qu'un parti, peu confiant dans les intentions de la France et disposé à repousser tous les essais de conciliation, cherchait à me présenter aux yeux de la population romaine comme un obstacle, comme une cause d'agitation : on disait hautement dans les clubs que j'étais un nouveau Rossi. L'irritation produite par les discours des meneurs sur quelques fanatiques fut cause d'une scène scandaleuse qui troubla une réunion de Français à l'hôtel de l'ambassade de France. Trois hommes revêtus de l'uniforme des gardes nationaux romains, furieux de ne pas m'y rencontrer et d'avoir manqué ce qu'ils appelaient *leur coup*, se livrèrent à toutes sortes de provocations contre M. de La Tour d'Auvergne, premier secrétaire de ma mission, chargé de me suppléer.

La plainte que je portai contre eux et qui s'appliquait seulement à la scène de l'ambassade, fut d'abord accueillie par les autorités romaines avec peu d'empressement. Il faut ajouter qu'elles n'avaient pas connaissance des intentions criminelles qui m'avaient été secrètement signalées. Ce fut seulement le lendemain, après la découverte d'une nouvelle tentative, et après avoir entendu les détails que leur donna spontanément M. le colonel Lavelaine de Maubeuge dans un moment où je me trouvais en conférence au quartier général, qu'elles s'émurent et firent arrêter un des coupables, le nommé *Colin*, Français. Ce dernier se trouvait encore enfermé dans un cachot du château Saint-Ange, lors de mon départ de Rome, le 1er de juin.

Dans cette situation, il était évident qu'en me rendant au quartier général pour y poursuivre librement mes négociations à côté du général Oudinot, je servais mieux les intérêts dont j'étais chargé, qu'en prolongeant mon séjour en ville et qu'en outre, mon absence momentanée laissait au parti de la conciliation le temps de se fortifier lui-même, sous le point de vue national, sans qu'il pût être accusé d'agir sous l'influence directe d'un agent français.

Enfin, le général en chef ne cessait de m'écrire qu'il fallait en finir promptement, et quoique nous fussions parfaitement convenus qu'il était indispensable, en l'absence de toute instruction postérieure à mon départ de Paris, de gagner du temps et d'attendre au moins pendant huit jours, des réponses aux dépêches que j'avais expédiées par M. de Forbin-Janson, il m'envoyait message sur message, me disant que tous les généraux le pressaient, qu'il avait bien confiance en moi, mais *que personne ne partageait mes espérances, et qu'on les prenait pour des illusions*. Il ajoutait que, dans l'opinion du général de division Vaillant, le statu quo portait la plus grave atteinte à

la dignité et aux intérêts de l'armée, non moins
qu'à l'honneur militaire [1].

Voici ce que je lui répondis le 23 :

« Je vous ai communiqué à l'avance toutes les
dépêch es que j'ai adressées au gouvernement depuis mon arrivée à Rome, et aujourd'hui, j'ai
envoyé à Paris, par M. de La Tour d'Auvergne,
un rapport général que j'avais discuté avec vous
hier, et contre lequel, en définitive, vous ne
m'avez pas fait d'objection. Le général Vaillant
ne m'a pas plus fait d'objection que vous-même,
lorsqu'il est venu conférer avec moi de votre
part, et vraiment je ne comprendrais pas pourquoi il y aurait, d'hier à aujourd'hui, un changement de front aussi complet que celui que
m'annoncent vos lettres successives. Ma conduite
a été invariable jusqu'à présent, et comme, d'accord avec vous, je viens de faire partir M. de La
Tour d'Auvergne pour Paris, avec mon rapport,
qui réserve toute l'initiative du gouvernement
jusqu'à l'arrivée de sa réponse, il m'est impossible de changer d'avis sans un motif puissant.
Cependant, comme ma mission ne peut pas
s'exercer si je suis tiraillé de tous côtés, je suis
tout à fait disposé à déclarer aux autorités de
Rome que je me retirerai au quartier général si,
d'ici à huit jours, une solution ne nous est pas

[1] Pièces justificatives, n°s 18, 19, 20.

présentée, soit par l'acceptation de nos premières propositions, soit par un contre-projet qui en changerait la forme sans en dénaturer l'esprit.

« Quant à des illusions, je n'en ai d'aucune espèce, *je m'attends à tout de la part de tout le monde*, et je sais parfaitement résister à toutes les insinuations officieuses qui auraient pour but de me faire dévier de la ligne que j'ai adoptée.

« L'honneur militaire m'est aussi cher qu'à vous-même, monsieur le général, mais je tiens aussi grand compte des instructions écrites et verbales de mon gouvernement et de l'opinion publique de la France. Voulez-vous, oui ou non, entrer dans Rome par la force, et commencer l'attaque sans y être provoqué et sans ordres formels? Une fois aux portes de Rome dont vous aurez détruit les murailles à coups de canon, comment occuperez-vous la ville?

« Faut-il prévenir dès à présent les familles françaises établies à Rome qu'elles peuvent se retirer, si elles craignent les conséquences d'une prochaine rupture? et prendrez-vous sous votre responsabilité les conséquences qui résulteraient pour elles du sang versé, afin d'obliger, par la force, un peuple à se faire protéger? »

Les considérations que je viens de développer et les dispositions de l'état-major de l'armée, manifestées par la correspondance du général Oudinot, m'imposaient donc l'obligation de m'établir pendant quelque temps au quartier général. Je m'y rendis le 24. Le général en chef mit à ma disposition une chambre de la villa Santucci où il était lui-même logé, et me fit le meilleur accueil.

De là je m'empressai, après lui en avoir donné connaissance, d'adresser à l'assemblée constituante romaine un message [1] donnant des explications sur notre projet d'arrangement, dont nous maintenions les clauses, en y ajoutant toutefois un article ainsi conçu : « La République française garantit contre toute invasion étrangère les territoires des États romains occupés par ses troupes [2]. »

Cet article n'était que la reproduction d'un ordre envoyé par le général en chef à ses chefs de corps, lorsqu'on annonça la marche des Autrichiens dans les États romains, ordre qu'il m'autorisa à copier sur son registre de correspondance. Seulement il me prévint qu'il l'avait tenu secret jusqu'à présent et que, du moment où je jugeais utile d'en consigner l'expression dans notre projet d'arrangement avec les Romains, il n'avait aucun motif pour s'y opposer.

---

[1] Pièces justificatives, n° 23.

[2] Un premier message remis à l'Assemblée romaine avait eu pour but de signaler à son attention des manœuvres que je croyais contraires à l'influence de la France aussi bien qu'aux intérêts de l'Italie. Ces manœuvres concernaient la grave question du schisme religieux ou d'un nouveau protestantisme.

La note suivante que je transcris d'après mon carnet indique les motifs de ma démarche : « **Je** soupçonne Mazzini, homme remarquable et très-influent, de vouloir favoriser un schisme religieux; ses écrits doivent le faire craindre. Il a souvent des conférences avec des personnages anglais voyageurs; il voit des missionnaires protestants de toutes nations. — Chercher à l'enlever à ces influences et le persuader que la France, dont il se défie, doit être le seul espoir des libertés italiennes; le détourner de ses idées de schisme et, au besoin, dénoncer ces tendances à des patriotes de l'Assemblée en les faisant considérer comme une trahison à la cause de la liberté italienne qui ne doit pas se séparer du catholicisme. »

Je crains d'autant moins de faire connaître ici l'opinion que j'avais de Mazzini avec lequel j'étais alors en lutte ouverte, que, dans toute la suite de nos négociations, je n'ai eu qu'à me louer de sa loyauté et de la modération de son caractère qui lui ont mérité toute mon estime. J'avais fini par ébranler fortement, si ce n'est par dissiper ses préventions contre le gouvernement français; aujourd'hui qu'il est tombé du pouvoir et qu'il cherche sans doute un asile en pays étranger, je dois rendre hommage à la noblesse de ses sentiments, à la conviction de ses principes, à sa haute capacité, à son intégrité et à son courage.

M. le général Oudinot me promit de nouveau de patienter, en attendant la décision suprême du gouvernement de la République; mais il était préoccupé des observations des généraux sur l'inaction de l'armée. Il fut convenu que j'exposerais, en conseil, la situation politique dans laquelle nous nous trouvions.

Les chefs qui assistèrent à la réunion furent les généraux de division Vaillant, Rostolan, Régnault Saint-Jean d'Angely; les généraux de brigade Gueswiller, Le Vaillant, Mollière, et deux autres dont je n'ai pas recueilli les noms; l'intendant en chef de l'armée, le colonel de Tinan, chef d'état-major.

Je donnai lecture d'une partie de mes dépêches au ministère et des principaux documents qui les accompagnaient, en déclarant que j'étais décidé à m'opposer formellement à toute reprise d'hostilité contre Rome, avant l'arrivée des ordres du gouvernement de la République, me fondant sur le texte des dernières instructions envoyées au commandant en chef de l'armée, par la dépêche télégraphique du 10 mai. Plusieurs généraux prétendaient qu'une simple attaque suffirait pour faire ouvrir les portes de la ville, qu'il s'agirait, tout au plus, d'abattre un pan de muraille, et qu'il n'y aurait pas de résistance sérieuse. Je soutenais qu'ils étaient dans l'erreur; qu'une fois les hostilités commencées, on serait entraîné à répandre beaucoup de sang et à détruire des édifices; que la résistance serait longue; qu'il faudrait faire un siége en règle; que nous finirions certainement par en venir à bout, car rien ne résistait à une armée française, mais que je ne prendrais jamais la responsabilité de malheurs faciles à prévoir, et que le général en chef n'avait aucune instruction qui l'autorisât à assumer lui-même cette responsabilité, en présence de mon opposition.

Le général Oudinot soumit à la délibération du conseil la question suivante :

Est-il convenable d'abandonner les négociations et de recommencer l'attaque de Rome, sans s'arrêter aux conclusions de M. de Lesseps, et sans attendre de nouvelles instructions?

La majorité se montra disposée pour l'attaque immédiate. Cependant le général Mollière n'avait pas encore parlé; il fut appelé à donner son avis; il dit qu'il regrettait, comme militaire, de ne pas pouvoir se prononcer pour l'action, ainsi que le faisaient ses collègues; mais que son opinion, quelque timide qu'elle pût paraître, était conforme à la mienne, et qu'il lui semblait difficile de ne pas m'accorder les huit jours que je demandais en attendant les directions du Gouvernement. Ce langage porta la conviction dans tous les esprits. Il fut décidé que le statu quo serait maintenu.

Pendant mon séjour au quartier général, je n'ai pas cessé de continuer à entretenir, par l'intermédiaire de mon secrétaire particulier, M. Le Duc, des rapports journaliers avec les autorités romaines et quelques personnages influents. La correspondance que j'ai échangée les 25 et 26 avec le triumvirat montre que les négociations n'étaient pas interrompues[1].

Le bon effet produit dans l'état-major de l'armée par le conseil tenu le 24, commençait déjà à disparaître le 26; les velléités d'attaque et les plaintes contre l'inaction de l'armée reprenaient de la consistance. Sous cette impression, j'écrivis à M. le ministre des affaires étrangères, le 26 mai[2], une dépêche dans laquelle je le priai de ne pas nous laisser plus longtemps sans direction positive et dans laquelle se trouvait le passage suivant : « Il faut que nous ne blessions pas l'amour-propre des Romains, en parlant de siége, de coups de canon, et en témoignant un trop grand empressement pour faire faire à notre armée l'entrée à Rome, qu'elle désire, suivant moi, avec trop d'impatience. Ce côté de la question est aujourd'hui ma plus grande difficulté, elle m'occupe constamment. Je vous prie de vous concerter avec M. le mi-

[1] Pièces justificatives, nos 26 et 27.
[2] Pièces justificatives, no 25.

nistre de la guerre, afin que, dans le cas d'un
retard imprévu dans la réussite des négociations,
notre armée ne soit pas exposée à compromettre,
par une impatience très-légitime du reste de sa
part, le grand but que nous nous proposons. Le
seul inconvénient qu'il y aurait (et il est grave)
à conserver pendant plus de quinze jours encore
nos positions actuelles, serait l'approche de la
saison des fièvres. J'ai bien l'espoir que nous
pourrons terminer avant de nous trouver placés
dans l'alternative que, pour mon compte, je ne
crois pas obligatoire, d'attaquer ou de laisser
décimer notre armée par les maladies. Cependant, comme il faut tout prévoir, je vous soumets
la question suivante, que je vous serai obligé de
faire résoudre, sans perte de temps, par le Gouvernement de la République :

« L'armée française campée dans la partie N. O.
de la ville, c'est-à-dire dans celle où les émanations sont les plus dangereuses en été, *se trouvera-t-elle forcément dans l'obligation de rester
en place ou d'attaquer Rome et d'être amenée par
conséquent à la foudroyer,* pour lui donner une
preuve bien patente de notre amitié pour elle et
de notre volonté de la protéger ? *Je ne le pense pas,
car il y aurait sans doute un terme moyen qui
permettrait d'attendre et qui consisterait, sans
reculer, à changer le campement de nos troupes*

et à en placer, par exemple, la plus grande par-
tie à Albano ou à Frascati, lieux toujours fort
sains, ainsi que dans leurs environs, etc.

Le 27, M. de Rayneval, ministre de la République à Naples, l'un des plénipotentiaires français de Gaëte, vint au quartier général ; nous
eûmes ensemble une conférence et nous échan-
geâmes deux notes[1].

Quelque différentes que fussent nos opinions
sur l'état des négociations et les espérances
qu'elles pouvaient faire naître, M. de Rayneval
ne consigna pas moins, dans le paragraphe 5, le
passage suivant : « Vous en avez appelé au jugement suprême du gouvernement ; il est juste
d'attendre sa décision qui, j'espère, ne se fera
pas attendre. »

Le 28, le général en chef passa, à quelques
lieues du quartier général, une revue de dix mille
hommes, appartenant, pour la plupart, à des
corps récemment arrivés de France ; il m'invita à
l'accompagner.

Le 29, je m'entendis avec M. le général Oudinot pour adresser aux autorités romaines, une
communication pressante et décisive.

L'annonce de la marche des Autrichiens, le
désir de donner une satisfaction à l'armée, et
l'espoir de voir une conciliation honorable ac-

---

[1] Pièces justificatives, n° 28.

ceptée par la majorité de l'Assemblée, dont on me faisait connaître les bonnes dispositions, nous engageaient à envoyer à Rome une déclaration, en forme d'ultimatum. L'Assemblée, la municipalité et le triumvirat en reçurent chacun un exemplaire des mains de M. Le Duc, mon secrétaire. En voici le texte :

Déclaration envoyée aux autorités et à l'Assemblée constituante romaine.

« Le soussigné Ferdinand de Lesseps, envoyé extraordinaire et ministre plénipotentiaire de la République française, en mission à Rome.

« Considérant que la marche de l'armée autrichienne dans les États romains, change la situation respective de l'armée française et des troupes romaines ;

« Considérant que les Autrichiens, en s'avançant sur Rome, pourraient s'emparer de positions menaçantes pour l'armée française ;

« Considérant que la prolongation du statu quo, auquel avait consenti, sur sa demande, M. le général en chef Oudinot de Reggio, pourrait devenir nuisible à l'armée française ;

« Considérant qu'aucune communication ne lui a été adressée depuis la dernière note au triumvirat, en date du 26 de ce mois ;

« Invite les autorités et l'Assemblée constituante romaine à se prononcer sur les articles suivants :

« Art. 1er. Les Romains réclament la protection de la République française.

« Art. 2. La France ne conteste point aux populations romaines le droit de se prononcer librement sur la forme du gouvernement.

« Art. 3. L'armée française sera accueillie par les Romains comme une armée amie. Elle prendra les cantonnements qu'elle jugera convenables, tant pour la défense du pays que pour la salubrité de ses troupes. Elle restera étrangère à l'administration du pays.

« Art. 4. La République française garantit contre toute invasion étrangère le territoire occupé par ses troupes.

« En conséquence, le soussigné, de concert avec M. le général en chef Oudinot de Reggio, déclare que dans le cas où les articles ci-dessus ne seraient pas immédiatement acceptés, il regardera sa mission comme étant terminée, et que l'armée française reprendra toute sa liberté d'action.

« Fait au quartier général de l'armée française, Villa Santucci, le vingt-neuf mai mil huit cent quarante-neuf.

« *Signé :* FERD. DE LESSEPS.

« *Contresigné :* OUDINOT DE REGGIO. »

Je crois devoir, dès à présent, et sans anticiper sur les rapprochements que j'aurai plus tard à signaler, faire remarquer que, sauf l'art. 2, supprimé par moi, pour être conséquent avec une opinion émise dès le principe, aussi bien que pour me conformer aux vues de M. de Rayneval, les trois autres stipulations offrent une identité presque complète avec le traité du 31 qui a été repoussé par le général Oudinot.

Une explication fut demandée par les autorités romaines sur le sens à donner à ces expressions : « dans le cas où les articles proposés ne seraient pas *immédiatement* acceptés, je regarderais ma mission comme terminée et l'armée reprendrait toute liberté d'action. »

Je remis à M. Le Duc, qui m'avait rapporté cette demande, un écrit dont la teneur fut aussitôt communiquée au général Oudinot par M. Espivent, son aide de camp. Cet écrit portait que, malgré le mot *immédiatement*, il avait été entendu qu'un délai de vingt-quatre heures, expirant le 30, à minuit, était accordé pour répondre à l'ultimatum.

Après le départ de M. Le Duc, et dans la nuit du 29 au 30, je m'aperçus qu'il régnait une grande activité dans l'état-major du général en chef, et que l'on préparait quelque mouvement pour le lendemain.

Le 30, à huit heures du matin, je remis au général en chef, auprès duquel je continuais à résider, une note où je lui disais : « .... Dans le cas où vous jugeriez devoir prendre, par surprise ou autrement, des positions dans l'intérieur de la ville de Rome, ou même dans le voisinage de son enceinte, sans vous être préalablement concerté avec moi, je crois devoir mettre sous votre seule responsabilité toutes les conséquences politiques qui en résulteraient. Jusqu'au moment où les ordres du Gouvernement arriveront, soit pour me blâmer, soit pour m'approuver, ma mission ne comporte pas votre isolement pour des déterminations ou des mesures militaires qui compromettraient notre gouvernement et engageraient notre pays dans la voie que je crois la plus funeste. »

Qu'on veuille bien remarquer que jusqu'à ce jour, je n'avais pas reçu un seul mot de M. le ministre des affaires étrangères, et que le général en chef se trouvait également sans ordres et sans instructions nouvelles. Les embarras qui pouvaient résulter pour le gouvernement de la république de l'attaque et du siége de Rome, étaient l'objet de mes plus vives préoccupations. Je n'avais cessé de les signaler dans toute ma correspondance et dans mes recommandations à MM. de Forbin-Janson, de La Tour d'Auvergne et de

Belcastel, porteurs de mes principales dépêches.

Le général en chef fit appeler plusieurs généraux et chefs de corps, pour leur donner leurs instructions concernant l'attaque des approches de
Rome qui devait commencer à minuit. Ayant su
que ce conseil, auquel je n'avais pas été convo-
qué, devait avoir lieu à neuf heures, et ayant remarqué que le général en chef était décidé à ne
pas tenir compte de mes avertissements, je crus
convenable de soumettre au général de division
du génie, M. Vaillant, récemment arrivé de Paris,
que je devais supposer dépositaire des dernières
instructions du gouvernement, mes motifs de résistance à l'attaque projetée, et aux dangers que
pouvait présenter l'occupation immédiate de
Rome. Voici ma lettre :

« Quartier général de la Villa Santucci, 30 mai.

« Je voulais aller vous voir ce matin pour vous
communiquer confidentiellement le résultat de ma
dernière conférence avec M. de Rayneval, l'un des
plénipotentiaires français à Gaëte. Je n'en ai pas le
temps dans ce moment, car je prépare une note
pour démontrer, sous le point de vue politique, la
nécessité d'envoyer immédiatement une division,
qui se répartirait entre Albano, Frascati et Marino,
à cause du fait nouveau qui se présente aujourd'hui

du débarquement à Gaëte de quatre mille Espagnols. On dit que ces derniers vont remonter le moral des Napolitains et qu'ils recommenceront la campagne. Il est de notre honneur de les devancer dans les campements qu'ils pourraient venir occuper autour de Rome, et de nous rendre, en les prévenant, les seuls dominateurs de la ville par une ceinture de troupes. De cette manière, nous ne compromettrons pas notre gouvernement par une entrée intempestive à Rome, par un séjour dans une ville qui est abandonnée l'été par ses propres habitants, ou même par un passage momentané où les projets infernaux de deux ou trois fanatiques suffiraient pour détruire, en une minute, notre œuvre de patience et de patriotisme. Nous serons les vrais maîtres de Rome en l'entourant au lieu de l'occuper, et le gouvernement de la République, qui *ne désire notre entrée à Rome que si nous sommes d'accord avec les habitants*, vous remerciera un jour d'avoir contribué à faire triompher, par la sagesse de vos conseils, *la vraie*, la grande politique, dégagée de toutes les petites questions d'amour-propre personnel et de vaine gloriole. »

Dans la même journée du 30, à trois heures (neuf heures avant l'expiration du délai fixé), je reçus les réponses du président de l'Assemblée romaine et des membres de la municipalité, qui témoignaient de leur confiance entière envers le triumvirat *pour terminer les négociations, éviter que la France ne prît, vis-à-vis de Rome, le rôle de l'Autriche, et mettre fin aux malheurs dont était menacée une ville tranquille, siége des monuments et des arts.* En même temps, le triumvirat m'envoyait une note [1] et le contre-projet suivant, en marge duquel se trouvent mes observations.

Observations.	*Projet présenté par les autorités romaines* (triumvirat).
	Rome, 30 mai 1849.
ARTICLE PREMIER.	**ARTICLE PREMIER.**
Conserver la rédaction plus courte du projet français, en changeant le mot protection de la France, s'il choque les Romains, et en le remplaçant par *appui.*	Les Romains, pleins de foi aujourd'hui comme toujours dans l'amitié et dans l'appui fraternel de la République française, réclament la cessation des apparences même d'hostilité, et l'établissement des rapports qui doivent être l'expression de cet appui fraternel.
ART. 2.	**ART. 2.**
Retrancher tout à fait cet article. Nous n'avons pas besoin que les Romains nous rappellent un des articles de notre Constitution ; et quoique nous respections parfaitement cet article, il n'est pas convenable de le mentionner ici, parce qu'il a servi de signal de ralliement et qu'il a été inscrit	Les Romains ont pour garantie de leurs droits politiques l'article 5 de la Constitution française.

[1] *Pièces justificatives,* n° 29.

Observations.

sur les barricades et aux portes de Rome lorsqu'on a tiré le 30 avril sur des soldats français.

ART. 3. .

Retrancher ce paragraphe, car bien que je sois d'avis qu'il n'est pas opportun pour notre armée d'occuper, dans ce moment, la ville de Rome, il ne faut pas publier que les portes lui seront fermées. Il sera même utile que, lorsque les commissaires romains iront au quartier général, on offre au général en chef de venir habiter l'Académie française et le couvent de Notre-Dame-du-Mont, avec la garde qu'il jugera nécessaire à sa sûreté.

Projet présenté par les Autorités romaines. (Triumvirat).

ART. 3.

L'armée française sera regardée par les Romains comme une armée amie, et accueillie comme telle. Elle prendra, d'accord avec le gouvernement de la République romaine, les cantonnements convenables, tant pour la défense du pays que pour la salubrité de ses troupes. Elle restera étrangère à l'administration du pays.

Rome est sacrée pour ses amis comme pour ses ennemis. Elle n'entre pas dans les cantonnements que choisiront les troupes françaises. Sa brave population en est la meilleure sauvegarde.

ART. 4.

La République française garantit contre toute invasion étrangère les territoires occupés par ses troupes.

ARMELLINI, MAZZINI, SAFFI.

Il était évident que le général en chef et moi, nous pouvions prendre en considération le contre-projet des autorités romaines, le discuter et ne rompre complétement que dans le cas où il aurait été impossible de nous entendre. L'humanité seule nous eût indiqué cette conduite, si même elle ne nous avait pas été tracée par la situation dans laquelle nous nous trouvions et qui n'avait pas varié depuis le 15 du mois dernier, jour de mon arrivée au quartier général et à Rome. C'est-à-dire que notre gouvernement, mis depuis si longtemps par nous en demeure de se prononcer, ne nous avait encore rien écrit, ni par le courrier, ni par le télégraphe. Le général Oudinot était donc toujours lié par la dépêche télégraphique du 10 qui ne lui permettait pas d'attaquer. Je plaçai dans un dossier les lettres de la municipalité romaine, de l'Assemblée et du triumvirat, ainsi que le projet annoté par moi ; j'ajoutai le *memorandum* qu'on va lire à la suite et je chargeai M. le commandant Espivent de remettre le tout à M. le général Oudinot.

Memorandum.

« Parti de Paris sous l'impression de l'affaire du 30 avril, et venu pour traiter avec les populations romaines, je n'ai pas besoin de rappeler que je n'ai ni voulu, ni souffert que l'on pût jamais séparer ma cause de celle de mon gouvernement et de l'honorable chef de l'armée française. Pour arriver à persuader que les dispositions du gouvernement de la République et de son général étaient les mêmes avant le 30 avril et après, je ne me dissimulais pas tous les obstacles que j'avais à surmonter. Aujourd'hui j'ai réussi. .-

« Je suis disposé à signer immédiatement, sauf quelques modifications et le rejet de l'article 2, le contre-projet envoyé par le triumvirat et approuvé par l'Assemblée constituante romaine, aussi bien que par les Sénateur et conservateurs de la municipalité de Rome, dans la conviction que cet acte affermit à jamais en Italie l'influence . française, maintient l'honneur sans tache de notre armée et de notre glorieux drapeau. »

Quartier général de Villa Santucci, 30 mai 1849.

« FERDINAND DE LESSEPS. »

M. Espivent me rendit presque immédiatement le dossier que le général, disait-il, n'avait pas eu le temps de lire, parce qu'il était trop occupé des détails de son service et des ordres à donner à l'armée. Il fut cependant convenu que je m'expliquerais plus tard, dans la salle du conseil, où se réuniraient les généraux dont les campements étaient rapprochés du quartier général.

A quatre heures, les officiers généraux se trouvant réunis par ordre du général en chef, la lecture que je fis des derniers documents, les observations puisées dans le péril et l'urgence de la situation, le manque d'ordres de la part du gouvernement de la République, dont les instructions télégraphiques du 10 devaient nous servir encore de règle, rien ne put changer la détermination du général Oudinot. La manière dont elle se manifesta rendit impossible toute discussion, et me mit dans la nécessité d'opposer mon caractère officiel à des emportements que je ne pouvais pas supporter.

Une scène semblable se renouvela dans la nuit, en présence de M. le capitaine de frégate Chaigneau, commandant en second la frégate *la Magellan;* mais elle eut heureusement pour résultat de faire révoquer, au dernier moment, sur toute la ligne de nos avant-postes, les ordres d'attaque immédiate. Cependant, comme je craignais que ces ordres n'arrivassent pas tous à temps pour prévenir des engagements déplorables, je fis connaître à Rome que l'on ne devait pas s'inquiéter de nos mouvements, destinés seulement à nous assurer des positions dont les armées étrangères, en marche sur Rome, pourraient s'emparer. Sans cet avis, on n'aurait pas occupé pacifiquement le Monte Mario. L'aide de camp envoyé pour contremander cette occupation arriva trop tard.

Le 31 au matin, le général ayant su que je faisais mes préparatifs pour retourner à Rome, me fit prier, par un de ses aides de camp, de passer chez lui avant de partir ; je répondis que c'était mon intention, parce que j'avais une dernière note à lui laisser à lui-même. Le général Oudinot me dit qu'il regrettait vivement ce qui s'était passé entre nous ; je ne le laissai pas achever et je pris la main qu'il me tendait. Je lui annonçai que j'allais me rendre en ville pour y terminer la négociation, d'après les bases du contre-projet annoté. Afin de lui montrer que je prévoyais le cas où, conformément à mon ancienne et constante opinion, je ne stipulerais pas l'occupation immédiate de Rome par l'armée française, j'eus la précaution de lui faire la lecture de la note suivante, dont il garda l'original :

« Il est utile, jusqu'à ce que toutes les passions soient calmées, d'éviter le contact de l'armée avec une population que tant de causes laissent encore en effervescence.

« L'air de Rome est insalubre l'été.

« Le séjour, à Rome, d'une partie quelconque de notre armée, ainsi que je n'ai cessé de le déclarer dès la première conférence qui eut lieu avec M. d'Harcourt (tout en le demandant par égard pour l'opinion du général en chef), pourrait nous engager dans les questions intérieures romaines plus loin que nous ne voudrions et compromettre notre gouvernement. M. de Rayneval a été d'avis que le service militaire fait par nos troupes en même temps que par les troupes romaines, lui semblait on ne peut plus nuisible à nos intérêts.

« Le malaise général, provenant des embarras du trésor, les comptes à rendre pour l'emploi de sommes immenses dépensées sans contrôle, sont autant de difficultés insurmontables pour le gouvernement actuel, s'il se consolidait, et pour tout autre pouvoir qui lui succéderait. L'administration, ayant intérêt à se justifier vis-à-vis de la population des embarras dans lesquels elle se trouvera nécessairement par suite de toutes les mesures révolutionnaires qui ont été prises, cherchera sans doute à en faire attribuer les effets à une occupation de troupes françaises. Cette occupation forcée pourrait, en outre, avoir pour résultat d'entretenir contre nos soldats une irritation et des désirs de vengeance que le moindre incident pourrait développer d'une manière fâcheuse. N'est-il pas plus à propos d'attendre que de pareils sentiments aient disparu ; alors la population ira elle-même au-devant des Français pour les conduire à Rome ; ce ne sera peut-être qu'un retard de quelques jours.

« Nous avons beau déclarer que nous ne nous

mêlerons pas de l'administration de Rome, une occupation militaire de la ville nous y mêlerait, dans ce moment, malgré nous, et nous ferait assumer une part de responsabilité, qu'il est désirable, je le répète, de laisser tout entière aux autorités locales. Une fois entrés à Rome, dans les conditions de l'obligation et de la force imposée, pouvons-nous répondre que la force ne sera pas encore nécessaire pour nous y maintenir, et que nous serons libres de nous retirer lorsque notre but politique sera rempli et que la France aura besoin de rappeler ses soldats? Quand les habitants eux-mêmes nous appelleront, et que le moment sera venu naturellement, la situation de la partie de notre armée casernée dans l'enceinte de Rome sera bien différente vis-à-vis de la population. Il me paraît inutile de m'appesantir davantage sur cette situation, ainsi que sur les autres circonstances graves que je n'ai fait qu'indiquer rapidement.

Quartier général de Villa Santucci, 31 mai 1849.

« FERD. DE LESSEPS. »

P. S. « On pourrait ajouter, si nous n'exigeons pas l'entrée forcée et immédiate, un article qui dirait que les communications seront complétement libres entre les cantonnements choisis par l'armée française et tous les quartiers de la ville de Rome.

« M. de Rayneval m'écrit de Gaëte, à la date du 28, que, d'après des correspondances de Rome, cette ville est décidée à se défendre. Il ajoute : *Les modérés ne se soucieraient pas d'affronter les périls d'une réaction dont ils comptent que nous leur épargnerons les frais.* C'est ainsi que j'avais jugé les choses dès le premier jour de mon entrée à Rome. Je suis bien aise de voir cette opinion, si peu conforme à tout ce qui avait été dit jusque-là, confirmée par les nouvelles de Gaëte. »

Le général me remit un billet au crayon, dans lequel l'aide de camp envoyé auprès du commandant de la colonne chargée de prendre position sur le Monte Mario, prévenait qu'il n'était pas arrivé à temps pour contremander le mouvement. Ce billet était destiné à rassurer les autorités romaines sur nos dispositions. Il me servit, en effet, pour expliquer aux triumvirs le mouvement sur le Monte Mario.

A mon arrivée à Rome, dans la même matinée du 31, j'avais trouvé les membres du pouvoir exécutif romain fort émus de l'occupation de ce point stratégique et important. De nombreuses plaintes leur étaient adressées à ce sujet de tous les quartiers de la ville, qui commençait à s'alarmer. Je leur fis comprendre que c'était un malentendu ; ils me promirent de ne rien négliger pour calmer la population.

Je leur remis une dernière proposition que j'avais étudiée avec un grand soin , et que je crois être l'expression aussi fidèle que possible de mes instructions et des intentions du gouvernement , telles que les attestaient du moins les paroles prononcées à la tribune de l'Assemblée nationale, par les ministres , dans les séances des 16 avril , 7 et 9 mai.

Mes propositions ne répondaient pas aux espérances des Triumvirs , parce qu'elles ne faisaient aucune mention de la République romaine que je ne pouvais pas reconnaître , et qu'elles ne garantissaient contre l'invasion étrangère que les territoires occupés par nos troupes ; elles furent cependant acceptées par eux comme une nécessité. M. Mazzini me dit que si l'Assemblée les accueillait ce serait la preuve que j'aurais inspiré une grande confiance dans les intentions du gouvernement ; car si ces intentions n'étaient pas telles que je les annonçais il y aurait le plus grand danger pour les Romains à souscrire à mon projet. En effet, ajouta-t-il , les positions dont nous allons vous faciliter, à votre choix, la possession autour de Rome, la faculté que vous vous réservez de ne repousser nos ennemis extérieurs que dans le cas où ils viendraient vous toucher vous-mêmes, livrent notre existence politique à votre bonne foi.

L'Assemblée romaine réunie le même jour extraordinairement, en comité secret, adopta mon projet à l'unanimité moins trois voix.

Ce résultat me fut annoncé par la lettre suivante des triumvirs.

31 mai.

« MONSIEUR,

« Voici le résultat de la longue discussion de l'Assemblée :

« Article 1er. L'appui de la France est assuré aux populations des États romains. Elles considèrent l'armée française comme une armée amie qui vient concourir à la défense de leur territoire.

« Art. 2. D'accord avec le gouvernement romain et sans s'immiscer en rien dans l'administration du pays, l'armée française prendra les cantonnements extérieurs convenables tant pour la défense du pays que pour la salubrité des troupes.

« Les communications seront libres.

« Art. 3. La République française garantit contre toute invasion étrangère les territoires occupés par ses troupes.

« Art. 4. Il est entendu que le présent arrangement devra être soumis à la ratification de la
République française.

« Art. 5. En aucun cas les effets du présent arrangement ne pourront cesser que quinze jours
après la communication officielle de la non-ratification. »

« L'Assemblée s'est bornée à cela, c'est-à-dire à
l'approbation des articles ci-dessus. C'est nous
qu'elle charge du reste.

« Je ne vois pas que les légers changements de
rédaction apportés au projet puissent être sujets
à objections. Si cela est, il ne reste plus qu'à ar-
ranger les moyens, la forme de la communication.

« Il est impossible de tirer ce soir même une
députation de la Chambre, pour l'envoyer au
quartier général ; mais nous pourrions, je pense,
obtenir que le Sénateur de Rome, Sturbinetti
(président de la municipalité), fît partie de celle
que nous formerions demain.

« Les bases une fois admises, on élirait tout de
suite des plénipotentiaires qui se rendraient au
camp pour s'entendre sur les détails, choix des
cantonnements, premières conséquences de la
convention, invitation au général en chef et à

son état-major de venir habiter Rome avec une garde d'honneur, etc., etc.

« Croyez, mon cher monsieur, à l'estime profonde, de vos dévoués,

« J. Mazzini, A. Saffi, Armellini, *triumvirs.* »

Nous ne crûmes pas devoir fixer à l'avance le nombre d'hommes qui formeraient la garde du général en chef; nous convînmes seulement que, par la clause qui établissait la liberté des communications entre la ville et ses cantonnements extérieurs, il serait loisible au général de faire tour à tour passer par la ville tous les corps de l'armée.

Je fis ensuite préparer trois expéditions de l'arrangement; elles furent immédiatement signées par les triumvirs, autorisés à cet effet par l'Assemblée romaine et appuyés par le corps municipal. Je m'empressai de retourner au quartier général. Le général en chef, auquel je donnai lecture du projet, déclara *lorsqu'il fut question des cantonnements extérieurs,* qu'il ne signerait pas. Il refusa d'entendre aucune explication; son calme l'abandonna de nouveau, et il employa un langage si peu conforme à la dignité et à l'indépendance de mon caractère, que je dus en relever l'inconvenance avec une énergie qui coupa court à toute discussion.

Comme j'avais la conviction que ce projet satisfaisait à toutes les nécessités de la situation aussi bien que le précédent approuvé par le général, qu'il n'en dénaturait pas l'esprit et que, sous certains rapports, nous devions même le préférer, il m'était impossible de céder, surtout lorsque je savais que l'intention du général Oudinot était de profiter de la rupture des négociations pour attaquer brusquement, sans attendre les ordres de Paris. Je me rappelai le vote de l'Assemblée nationale du 7 mai, qui avait déterminé ma mission. Je venais encore de relire les paroles prononcées à la tribune, le 9, par M. le président du conseil, d'après lesquelles je devais être *l'expression fidèle, exacte de la pensée de l'Assemblée et de celle du gouvernement, quant au but, quant au caractère que devait, jusqu'au bout et à travers toutes les éventualités, conserver l'expédition française.*

Je connaissais tous les moyens de défense de la ville, j'étais certain qu'avant d'avoir reçu tous nos renforts et un matériel de siége complet, nous ne pourrions pas réussir à l'emporter d'assaut, que la résistance serait énergique et générale. La suite de mon séjour à Rome n'avait fait que me confirmer dans l'opinion que j'avais exprimée à ce sujet dès le 15 mai, le jour même de mon arrivée. Je voyais notre gouvernement engagé, de la manière la plus déplorable, par le contre-coup d'un 30 avril renouvelé sur une plus grande échelle, et notre expédition compromise par une précipitation contraire aux prescriptions formelles de la dépêche télégraphique du 10 mai. Nous devions, jusqu'à nouvel ordre, obéir à ces prescriptions qui autorisaient l'entrée à Rome, *si l'on était d'accord avec les habitants*, et qui permettaient l'attaque, *si l'on y était contraint, dans le cas seulement où l'on aurait les chances de succès les plus positives.*

Pouvais-je donc déchirer moi-même ma convention, et me dispenser de la soumettre au jugement de mon gouvernement qui, en définitive, m'avait *exclusivement* chargé de négocier avec les *autorités romaines* et de conclure avec elles des arrangements partiels?

Enfin je considérai que l'essentiel était d'empêcher une attaque immédiate et imprudente, que mon arrangement provisoire aurait pour résultat de la suspendre au moins pendant quelques jours et de laisser au gouvernement le choix de la paix ou de la guerre. J'avais d'ailleurs prévenu, par une dépêche du 22 mai, M. le ministre des affaires étrangères que si l'on se décidait à adopter une ligne autre que celle que je croyais être la conséquence du vote du 7 mai, je demandais à être rappelé.

Mû par ces considérations, je pris le parti de ne pas m'arrêter à l'opposition du général Oudinot. Je signai en sa présence, et je laissai sur sa table un des trois exemplaires de la convention. Je lui dis que j'allais envoyer le second exemplaire à Paris par M. le colonel Lavelaine de Maubeuge, et que le troisième resterait entre les mains des autorités romaines.

Rentré à Rome dans la nuit, je reçus le lendemain matin, 1er juin, une lettre du général en chef qui protestait contre l'arrangement conclu avec la ville; le Triumvirat m'envoya ensuite copie d'une communication par laquelle le général Oudinot regardait comme non avenu ce que j'avais fait. Je répondis que, pour ce qui me concernait, je maintenais l'arrangement sauf la ratification de mon gouvernement et que je partais pour Paris.

J'informai en même temps M. le ministre des affaires étrangères que, par suite de ce qui venait de se passer, ma position serait fausse au quartier général, qu'elle le serait également à Rome, et que par conséquent je devais considérer ma mission comme étant terminée ou tout au moins forcément suspendue.

Je faisais déjà mes préparatifs de départ, lorsque M. de Gérando, chancelier de l'ambassade de France à Rome, me remit *ouverte* de la part du

· chef de l'état-major de l'armée française, **une dé-** pêche télégraphique conçue en ces termes :

Paris, 29 mai 1849, quatre heures du soir.

Le ministre des affaires étrangères à M. de Lesseps, à Rome.

« Le gouvernement de la République a mis fin à votre mission.

« Vous voudrez bien repartir pour la France aussitôt que vous aurez reçu cette dépêche. »

Les ordres du gouvernement me trouvèrent préparé à les exécuter sans perte de temps. Parti de Rome le 1er à trois heures du soir, j'arrivai le 5 à Paris où j'appris que l'ordre de mon rappel avait été accompagné d'un autre ordre au général Oudinot d'entrer à Rome de vive force.

M. de Tocqueville, nouveau ministre des affaires étrangères, chez lequel je me présentai, me dit qu'il n'avait pas eu le temps de prendre connaissance de ma correspondance et qu'il n'était pas encore bien au courant de la question romaine. Je me mis à sa disposition et à celle du conseil des ministres, pour fournir toutes les informations que l'on croirait devoir me demander. Le gouvernement n'a jusqu'à présent réclamé de moi aucune espèce de renseignement ; pas un de ses membres n'a témoigné le désir de m'entendre et je n'ai eu connaissance de ses griefs ou

de ses intentions à mon égard, que par les attaques des journaux ministériels, par un discours
qu'a prononcé, le 9, dans la séance de l'Assemblée nationale, M. le président du conseil, et
par la communication du décret du 9 juin, qui
défère au conseil d'État l'examen de mes actes.

Je regardai, je l'avoue, cette décision comme
une faveur. Je me rappelai comment, dans une
circonstance solennelle, un ministre traduit devant vos prédécesseurs trouva une noble résistance contre la volonté si puissante alors du chef
de l'État[1].

Ne devais-je pas me féliciter d'être appelé à
soumettre l'examen de ma conduite à des hommes
dont l'indépendance, tout en prêtant un légitime appui au gouvernement, saura assurer aux
fonctionnaires publics, dans la juridiction nouvelle créée par la Constitution, une justice rigou-
reuse mais exempte de préventions, indépendante
des circonstances et supérieure à toute influence?

[1] M. Portalis aujourd'hui premier président de la cour de cas-
sation.

CHAPITRE II.

Le gouvernement ne m'a jamais fait connaître directement ses griefs, mais M. le président du conseil a cru devoir les formuler à la tribune de l'Assemblée nationale dans la séance du 11 juin.

M. Odilon Barrot s'est exprimé ainsi (voir le *Moniteur* du 12 juin) :

« Nos troupes étaient sous les murs de Rome, personne n'avait proposé de les faire reculer..... Un armistice fut accordé pour donner plus de facilité, plus de latitude à toutes les négociations. Pendant cet armistice, le ravitaillement de la place, les communications étaient libres..... Les troupes françaises sont restées dans l'inaction.

« .... La France respecta l'armistice, perdant ainsi tous les avantages qui pouvaient résulter pour elle d'une telle situation, et donnant le temps à tous ces hommes qui ont agité l'Italie de se donner rendez-vous à Rome et d'y former l'armée en face de laquelle nous sommes aujourd'hui.

« Ah! si un reproche pouvait être fait, ce serait d'avoir poussé trop loin les concessions et la longanimité.

« Eh bien, après un mois de tentatives vaines, savez-vous à quoi on est arrivé? On est arrivé à un traité qui a été publié. . . . .

« Le général avait accepté ce traité, il l'avait accepté comme *ultimatum*, comme la dernière concession qu'il pût faire; il a déclaré, je prie l'Assemblée de s'en souvenir, il a déclaré que la France n'entendait point intervenir pour telle ou telle forme de gouvernement et qu'elle laissait au peuple romain toute liberté. Mais au moins l'honneur de nos armes, notre position étaient sauvés; *l'armée française était accueillie dans Rome en amie*, elle ne se mêlait pas du gouvernement, mais enfin elle était présente; son intervention morale était en quelque sorte acceptée; elle pouvait, une fois à Rome, parler haut à ceux qui s'avançaient; elle avait des titres et des droits pour imposer des conditions à leur marche et limiter leur action.

« Eh bien, c'est ce projet qui allait si loin dans le domaine des concessions, qui peut-être jetait notre politique en dehors de cette réserve qu'elle devait s'imposer en face d'un gouvernement non reconnu; c'est ce projet qui avait été accepté par le général Oudinot, qui, présenté dans l'Assemblée romaine, n'a provoqué que des murmures, des rires dédaigneux et le mépris.

« Eh bien! après cet *ultimatum* qui, d'après

M. de Lesseps lui-même, terminait sa mission,
qu'il présentait comme la dernière et plus extrême concession possible au désir de conciliation, alors qu'il avait expressément annoncé
qu'en cas de refus l'armée rentrait dans sa pleine
liberté d'action, lorsque le général Oudinot avait
lui-même notifié au triumvirat la cessation de la
trêve consentie, eh bien! c'est alors que M. de
Lesseps, qui avait reconnu sa misssion finie, ap-
porta au quartier général, le 30, un nouveau traité,
cette fois consenti par le triumvirat et par l'Assemblée romaine. . . . .
Le général a repoussé cette convention. *Il y
était expressément autorisé par une dépêche[1] par
laquelle le ministère lui annonçait que les négociations étaient terminées, que l'approche de la
saison des fièvres ne permettait pas de les continuer davantage et que la mission de M. de
Lesseps avait cessé.* L'honorable général n'a
donc fait que se conformer aux ordres donnés
par le gouvernement, lorsqu'il a repoussé cette
convention, lorsqu'il a mis un terme à des négociations qui aboutissaient à de pareils résultats.

« Maintenant, messieurs, il ne s'agit pas du général Oudinot, il s'agit du ministère qui le cou-

---

[1] Cette dépêche, expédiée de Paris le 29 mai, n'avait pu encore
parvenir au général Oudinot à la date du 30.

vre, qui prend sous sa responsabilité la résolution prise, la rupture de négociations qui s'étaient trop prolongées et qui semblaient encourager ceux qui se jouaient ainsi de notre honneur, qui avilissaient notre drapeau.

. . . .

« Assurément, ce n'est pas le territoire occupé par le camp même de nos soldats qu'il fallait défendre, c'était le territoire que ces troupes pouvaient couvrir. Et alors qu'est-ce que cela était, sinon cette solidarité que nous n'avons jamais voulu accepter?

« Et puis, en échange de ces engagements ainsi pris, qu'est-ce que l'on nous accordait? Nous accordait-on de prendre une position qui ne nous rendît pas la risée de l'Europe, d'entrer à Rome pour de là stipuler les intérêts même de Rome? Non, on nous permettait, d'accord avec le gouvernement romain, de prendre les cantonnements qu'il plairait à ce gouvernement de nous désigner hors de Rome.

« Et puis, ce n'est pas tout, nous devions rester dans cette position, quoi qu'il pût arriver, alors même qu'un conflit s'engagerait, que les Autrichiens s'avanceraient, que les Napolitains reviendraient sous les murs de Rome, que les Espagnols qui sont débarqués viendraient unir leurs forces aux leurs; la France ne pouvait prendre aux événements une part active, puisqu'elle rencontrait une décision de l'Assemblée, ni stipuler pour Rome, puisqu'elle n'occupait même pas la ville de Rome; elle était obligée, l'arme au bras, d'attendre, de laisser s'accomplir devant elle les événements. C'eût été le déshonneur de notre politique, c'eût été le déshonneur de nos armées françaises.

« Il n'y a pas un homme, je ne dis pas un soldat, mais un citoyen qui ait dans son cœur quelque sentiment d'orgueil national, qui ne se révolte contre de telles propositions. Tel a été le sentiment du gouvernement. Il assume la responsabilité entière et complète de ses actes, de la détermination prise. Assurément, c'est par les concessions qui ont été faites qu'on est arrivé à nous proposer des conditions aussi insolentes ; c'est parce qu'on savait bien que ce ne serait qu'à la dernière extrémité et avec répugnance que nous tirerions l'épée contre des hommes égarés, mais qui ont eu vos sympathies, que les choses sont arrivées à cette situation extrême. »

Dans le discours que je viens de rapporter, M. le président du conseil me paraît avoir complétement éludé la question sur laquelle il était appelé à se prononcer. Que lui demandait-on ? d'expliquer le brusque rappel de l'agent chargé de négocier avec les Romains, et l'ordre d'entrer à Rome de vive force.

Au lieu de produire les motifs encore inconnus de ces deux décisions prises le 29 mai, M. le président du conseil a détourné la discussion, et, pour se soustraire à des interpellations embarrassantes, il s'est attaqué à mon traité du 31, qui, par sa date, se trouvait hors de cause. J'appelle toute l'attention du Conseil d'État sur une situation qui a besoin d'être éclaircie. Je le prie de considérer que la dépêche télégraphique du 29 mai, contenant mon ordre de rappel, n'est parvenu au quartier général de *Villa Santucci* que *douze heures* après la signature de ma convention, et que le général Oudinot n'avait pas pu s'en prévaloir, comme l'a dit M. Odilon Barrot, pour justifier son refus d'y adhérer. N'oublions pas non plus que la date du 29 mai marquait le passage de l'Assemblée constituante à l'Assemblée législative.

Après avoir constaté que tous les arguments mis en avant par M. le président du conseil pour justifier mon rappel, tombent devant les faits et devant les dates, je vais résumer et réfuter les principaux griefs résultant de son discours.

1° *L'arrangement provisoire du 31 mai compromettait l'honneur de la France et la dignité de nos armes.*

M. Odilon Barrot m'a reproché d'avoir voulu engager mon pays dans une voie compromettante. Je ferai remarquer au Conseil d'État que je me suis toujours attaché, avec grand soin, à réserver au gouvernement toute sa liberté, et que je me suis bien gardé de l'engager dans l'œuvre de pacification que je croyais utile aux intérêts de la France. Le traité du 31 mai ne devenait obligatoire que par la ratification du gouvernement. S'il y avait incapacité de ma part, si mon zèle avait trompé mes efforts, il suffisait d'un refus ; l'honneur de la France n'était pas compromis puisqu'il n'était pas engagé.

Mais enfin ce traité mérite-t-il le grave reproche qui lui est adressé ?

Je n'ai pas besoin de dire avec quelle inquiète sollicitude j'ai médité les paroles prononcées par M. le président du conseil dans la séance du 11 juin ; je dois avouer qu'aujourd'hui je comprends moins que jamais l'imputation qui m'est faite d'avoir compromis l'honneur de mon pays. Je n'ai point à dissimuler la pensée immuable qui a servi de règle à toutes mes actions dans l'accomplissement d'une mission que je n'avais pas sollicitée. Quand, en partant pour Rome, on m'a remis en mains, pour principales instructions, le *Moniteur* du 8 mai où se trouvait l'ordre du jour motivé, j'ai cru et j'ai dû croire qu'on m'envoyait pour obéir à l'Assemblée. Quand M. le ministre des affaires étrangères et M. le président de la République m'ont donné leurs dernières instructions, rien n'a pu me faire supposer que je ne dusse pas prendre en sérieuse considération les résolutions d'un pouvoir souverain, résolutions que j'avais entendu débattre et préparer, et dont l'esprit m'était parfaitement connu. Je répète ici que, depuis mon départ jusqu'à mon rappel, je n'ai reçu aucune instruction nouvelle, pas un mot de réponse à ces dépêches où je demandais un seul *oui* ou un seul *non* sur les mesures que je projetais, rien enfin qui pût modifier les impressions, que dis-je? les injonctions qui devaient diriger ma conduite.

Étais-je venu à Rome pour exiger des Romains qu'ils ouvrissent leurs portes à notre armée, sous peine, en cas de refus, de voir leurs maisons dévastées, leur population décimée par les malheurs de la guerre? Évidemment on m'envoyait pour m'entendre avec des populations que l'on croyait égarées, pour amener un rapprochement que les parties irritées par des événements récents ne pouvaient opérer elles-mêmes. Il ne s'agissait pas de favoriser une surprise, de provoquer une lutte, il fallait donner aux Romains des gages de notre désintéressement, de notre amitié, je dirais de notre fraternité, si ce mot avait aujourd'hui un sens. J'y allais pour faire comprendre aux populations romaines qu'elles devaient se placer sous la protection de la France et échapper à toutes les réactions en recevant son appui. L'honneur de notre drapeau ne consistait pas à occuper Rome à un jour donné, à l'heure qu'il nous plairait de fixer avec menace ; il fallait veiller et s'opposer au besoin à l'entrée des troupes étrangères, et être prêt à secourir un peuple ami, dès que le péril apparaîtrait. Est-ce qu'une nation comme la France peut souffrir dans son honneur parce qu'elle ménagera une ville qu'elle veut prendre sous sa protection ? C'est, au contraire, l'honneur du plus fort de pardonner au plus faible un tort, s'il avait existé, sans vouloir s'en venger à outrance. Dans l'état où j'ai trouvé Rome, il n'y avait que deux partis entre lesquels il fallait opter : Recourir à la force, en foulant aux pieds mes instructions, en trompant la volonté nationale, ou faire ce que j'ai fait : me jeter à travers un conflit qui devenait imminent, arrêter les événements douloureux qui se développent aujourd'hui et assurer notre appui à un peuple menacé d'être opprimé.

Osera-t-on dire que si, au moment où l'Assemblée constituante venait d'ordonner que l'expédition de Civita-Vecchia devait être ramenée à sa destination première on était venu soumettre à son approbation le traité que j'ai signé, elle l'aurait repoussé et aurait flétri le négociateur? Eh bien! ce sont ses ordres que j'ai exécutés, c'est sa politique, acceptée par le cabinet et prise pour bases de ses instructions que j'ai servie, et qu'il m'était ordonné de servir, car, il faut le répéter encore, puisque c'est ma justification, je suis parti avec ordre d'exécuter la décision de l'Assemblée constituante; aucune instruction n'a depuis modifié cet ordre, aucune réponse à mes instantes dépêches n'est venue changer la direction que je devais suivre, et, à moins de supposer que mes instructions ne fussent pas sérieuses, que ma mission dût seulement servir de transition d'une politique à une autre qui ne m'a pas été révélée, ma conscience me dit que j'ai loyalement accompli mon mandat, que j'ai garanti l'honneur de mon pays, loin d'y avoir porté atteinte, et que l'accusation lancée contre moi à la tribune se trompe de date.

2° *Les négociations n'auraient pas dû être reprises après la déclaration collective et* l'ultimatum *du 30 mai.*

Je crois avoir déjà suffisamment expliqué, dans le récit des faits, comment j'ai été amené à reprendre les négociations après la réception d'un contre-projet présenté dans le délai fixé par l'*ultimatum*, et comment la rédaction de mon arrangement du 31 mai, conséquence logique de mes instructions et des circonstances au milieu desquelles je me trouvais, me paraissait satisfaire à toutes les exigences et obvier aux difficultés qui me pressaient de toutes parts.

Il ne sera peut-être pas superflu de répéter ici que mon rappel télégraphique *du* 29 *mai* n'était pas encore parvenu au général Oudinot *le* 31 *mai*, et qu'il n'avait pas été motivé par mon traité connu seulement du ministère *le* 6 *juin*.

3° *Mes négociations auraient favorisé le ravitaillement de la place.*

Depuis le commencement de l'armistice, jusqu'au 1ᵉʳ juin, le général Oudinot ne permit pas ce qu'on appelle le ravitaillement de la place.

Il n'y avait de communications libres sur les routes occupées par des postes français que pour les personnes sans armes munies de papiers en règle et pour des approvisionnements de bouche en très-petite quantité. Des négociants français m'adressèrent une pétition pour être autorisés à faire venir de Civita-Vecchia des marchandises de saison qui leur feraient supporter des pertes considérables si la vente en était retardée. Je fis part de leur pétition au général en chef qui refusa d'y faire droit.

4° *J'aurais sans nécessité maintenu les trou-pes dans l'inaction.*

On m'accuse d'avoir fait maintenir les troupes françaises dans l'inaction. Il est incontestable que ma mission de négociateur ne permettait pas les hostilités, et que si les troupes avaient été prêtes pour attaquer, elles auraient dû attendre ; mais je soutiens qu'elles n'étaient pas encore en mesure de faire le siége lorsque je suis arrivé au quartier général, le 15 mai ; ce qui réduit à deux semaines au lieu d'un mois la durée de mes négociations. Les troupes françaises ne sont pas restées dans l'inaction, et les travaux préparatoires du siége n'ont pas été un moment suspendus. On confectionnait journellement un grand nombre de fascines, des mouvements qui inquiétaient la population romaine et entravaient souvent mes rapports avec les autorités, avaient lieu journellement, ainsi qu'on a pu le voir dans ma correspondance ; on préparait le pont de bateaux du bas Tibre ; ce pont était jeté avant la dénonciation de l'armistice, bien qu'il interrompît toute communication de la ville avec la mer par le fleuve, et qu'en fermant le passage aux barques de pêcheurs, il privât une partie de la population romaine de ses moyens d'existence.

On travaillait à un assez fort retranchement en tête du pont, sur la rive gauche du Tibre, on y envoyait des troupes quoique ce point ne fût pas occupé au commencement de l'armistice ; on s'empara de la grande église et du couvent de Saint-Paul qui se trouvent encore plus rapprochés de la ville. Enfin, sans vouloir prétendre que l'armée ait manqué à la foi de l'armistice, je puis assurer que le temps employé à mes négociations ne lui a rien fait perdre, et que les *renforts que le gouvernement avait ordonné au général Oudinot d'attendre* (dépêche télégraphique du 10 mai) n'étaient pas encore tous arrivés lors de mon embarquement à Civita-Vecchia. Une lettre du quartier général, en *date du* 18 *juin* explique ainsi les motifs de la lenteur du siége, qui, certes, ne peut pas m'être attribuée aujourd'hui : « Les opérations du siége de Rome se poursuivent avec une lenteur prolongée, dont on ne s'explique pas les causes. Elles sont simples cependant. L'armée expéditionnaire arrivée en Italie, à titre d'amie, a dû passer immédiatement à l'état d'ennemie. Reçue à coups de canon là où elle croyait être reçue avec reconnaissance, elle a dû en quelques jours changer ses plans d'action, doubler son matériel, grossir son chiffre de sept mille hommes débarqués à Civita-Vecchia pour l'élever à vingt-quatre ou vingt-cinq mille hommes. Tout cela s'est fait avec une promptitude dont on ne tient pas assez de compte ; mais quelque rapide que cette transformation de l'état de paix à l'état de guerre ait été, il n'en a pas moins fallu un certain nombre de jours pour l'accomplir.

5° *L'armistice aurait donné le temps à tous ces hommes qui ont agité l'Italie de se donner rendez-vous et d'y former l'armée en face de laquelle nous sommes aujourd'hui.*

Les forces qui défendent Rome n'ont pas augmenté, comme le dit M. le président du conseil, pendant la durée de ma mission; elles étaient à la fin des négociations ce qu'elles étaient au commencement, et si le retard de l'attaque a servi à quelqu'un, il est notoire qu'il a été plus profitable aux Français qu'aux Romains.

De mon temps, pas un étranger n'est venu prendre du service à Rome ; ceux qui s'y trouvaient avant mon arrivée se réduisaient à une vingtaine de Français, à quelques Allemands, à cent cinquante ou deux cents Polonais, qui s'empressèrent de m'exprimer leur désir de quitter Rome en cas d'hostilité de la part de la France, et d'être envoyés là où nous leur fournirions les moyens de se rendre. Quant aux Italiens appartenant à d'autres États que la Romagne, doit-on les considérer comme étrangers à la cause que soutient Rome? Dans tous les cas, il serait difficile d'attribuer à huit mille combattants la part la plus importante dans la défense d'une ville qui comptait de vingt-cinq à trente mille soldats enrég'mentés et toute une population en armes, parfaitement décidée à opposer à ses agresseurs la résistance la plus énergique. J'avais à l'avance fait connaître ces faits au gouvernement par une dépêche du 16 mai, et j'avais spécialement chargé MM. de Forbin-Janson et de La Tour d'Auvergne de les lui confirmer ; ils ont dû remplir fidèlement leur mandat.

6° *Il aurait fallu stipuler l'occupation de Rome, seul moyen de parler haut aux armées étrangères qui arrivaient.*

Est-il juste, est-il raisonnable de me faire un reproche de ne pas avoir imposé comme condition *sine qua non* d'un arrangement la clause de l'occupation de Rome, lorsque M. Drouyn de Lhuys a déclaré, dans la séance du 7 mai, que non-seulement il n'avait pas donné l'ordre d'attaquer et d'occuper Rome, mais encore qu'il n'avait *autorisé la marche sur Rome qu'à la condition de ne pas y rencontrer de résistance sérieuse, ou d'y être appelé par le vœu des populations ?*

Peut-on imaginer une contradiction plus flagrante que celle qui ressort de ces paroles et de l'ordre donné d'attaquer et de prendre Rome avant qu'on pût connaître le résultat de nos négociations?

Enfin, était-il possible de nous mêler complétement à la population et à la garnison romaine, tout en conservant une position mixte et expectante, *conforme, en un mot, au but de l'expédition et à l'objet de ma mission?*

L'occupation permanente de Rome par nos troupes n'était commandée ni directement ni indirectement par mes instructions comme élément indispensable de la conciliation que j'étais chargé d'opérer. Elle nous exposait à mille difficultés.

Les autorités romaines n'ont cessé, ce que j'ai déjà fait ressortir, de déclarer dans leurs notes qu'elles ne pourraient l'admettre tant que nous n'aurions pas reconnu leur République et les pouvoirs qui la gouvernaient.

Quant à la prétention de faire tenir à notre armée, une fois qu'elle aurait pris possession de Rome, un langage *ferme et haut*, je ne vois pas sur quoi elle peut se fonder. Si nous étions entrés à Rome après avoir détruit la République, nous n'aurions eu besoin de tenir ce langage à personne, car nous aurions commencé par faire ce que voulaient les Autrichiens, les Espagnols et les Napolitains. Si, d'un autre côté, nous avions fait notre entrée sous la foi des traités en promettant de conserver un gouvernement national quelconque (l'ancien ou un nouveau), de maintenir les lois du pays et de respecter le libre vœu des populations, je demande si la guerre avec l'Autriche n'aurait pas pu résulter d'une semblable situation dans le cas où les troupes impériales se seraient avancées sous les murs de Rome occupée par nos armes, et auraient manifesté leur intention de restaurer le pouvoir temporel du pape dans le sens des influences qui dirigeaient alors la cour de Gaëte.

Les cantonnements extérieurs près de la ville, dans des positions fortes et salubres, la possibilité pour le général d'habiter les propriétés françaises du *Monte Pincio*, et de faire passer successivement par la ville tous les corps de son armée que la population et *les autorités auraient elles-mêmes été chercher le lendemain de la signature de ma convention*, ces conditions ne remplissaient-elles pas le but de l'expédition, en même temps qu'elles donnaient satisfaction à l'honneur militaire aussi bien qu'à l'amour-propre du général en chef?

La politique contraire, qu'a-t-elle obtenu et que d'embarras ne nous prépare-t-elle pas!

7° *Le dernier projet consenti par le général Oudinot aurait été accueilli par les rires et les murmures de l'Assemblée romaine, ce qui n'aurait pas dû me disposer à poursuivre les négociations.*

Il n'est pas exact de dire que le projet présenté d'accord avec le général Oudinot ait été accueilli par l'Assemblée romaine, par des *murmures*, *des rires dédaigneux et le mépris.* Si cela eût été, je ne l'aurais pas souffert et j'aurais rompu immédiatement les négociations.

J'ai quelquefois montré, pendant vingt-trois années de services à l'étranger, que je ne suis ni patient ni timide lorsqu'il s'agit de soutenir l'honneur et la dignité de mon pays.

Des témoignages respectables et les termes de la note qui me fut adressée, le 30 mai, par le triumvirat (page 155) prouvent que les représentants romains, dans l'examen et dans la discussion des projets qui leur étaient présentés, ont observé l'attitude la plus convenable. Les murmures qui se produisirent à la lecture des deux passages relatifs à la *demande de protection et à l'occupation de Rome par l'armée française* s'appliquent à des démonstrations des tribunes publiques, auxquelles je ne devais attacher aucune importance. Les personnes qui ont assisté, dans les pays méridionaux, à des réunions législatives, savent combien le public des tribunes est impressionnable et se laisse aller à des exclamations qui n'engagent d'aucune façon, vis-à-vis de personne, la responsabilité de l'Assemblée.

CHAPITRE III.

RÉSUMÉ.

Le Conseil d'État pourra maintenant juger si les faits que je viens de lui exposer n'établissent pas l'exécution fidèle de mon mandat. Ce qu'il a été à même de reconnaître déjà, c'est que mes pouvoirs, pour arriver au but précis qui m'était assigné par le vote du 7 mai, me laissaient une grande latitude en attendant de nouvelles instructions ou des décisions, que j'ai constamment sollicitées, et qui ne m'ont jamais été adressées.

Quel était l'objet de ma mission? comment a-t-il été rempli?

J'avais été envoyé à Rome pour éclairer le gouvernement sur une situation nouvelle, qu'il ignorait nécessairement au moment de mon départ de Paris, pour correspondre avec lui, et pour agir sous ma responsabilité selon l'urgence des circonstances. Sans cette latitude, ma mission était impossible. Ramener l'expédition au but dont elle avait été détournée, exigeait avec le chef de notre armée et avec les membres du gouvernement romain des rapports que personne ne pouvait régler et circonscrire à l'avance. L'Assemblée constituante et sans doute aussi le Ministère voulaient qu'on empêchât un conflit, et, si l'on ne reconnaissait pas la République romaine, *qu'au moins elle ne fût pas détruite par nos armes.* M. le président de la République française s'était montré justement préoccupé de la position de l'armée en présence des forces autrichiennes, dont on annonçait la marche ; cette pensée patriotique avait dû m'inspirer dans les résolutions qui ont marqué la fin de ma mission, et elle a été particulièrement présente à mon esprit, lorsque j'ai rédigé les articles 1er et 3 de ma convention du 31 mai. Elle était d'ailleurs conforme aux paroles prononcées à la tribune de l'Assemblée nationale par M. le président du conseil, ainsi que par M. le ministre des affaires étrangères, qui signalaient l'expédition française comme devant être *l'auxiliaire de la grande cause de la liberté, et comme devant poser une limite aux prétentions de l'Autriche.*

Je n'avais pas à proposer un arrangement entre le Saint-Père et les populations romaines, entreprise difficile, confiée au zèle et à l'habileté de MM. d'Harcourt et de Rayneval. Ma mission accidentelle et temporaire était de favoriser une conciliation entre les Français et les Romains, de faire protéger et non détruire ces derniers par la puissance de nos armes ; et pour parvenir à ce résultat désiré par la France, exigé par une

Assemblée souveraine, voulu, je l'ai toujours
cru, par le gouvernement, le choix des moyens
m'était abandonné, à la condition, bien entendu,
de sauvegarder l'honneur du pays et la dignité
de nos armes.

D'après mes instructions écrites j'avais, à côté
du chef militaire *chargé* de la direction des forces,
la position d'un agent diplomatique, *chargé* de
se consacrer exclusivement aux négociations et
aux rapports à établir avec les autorités et les
populations romaines. Je devais, il est vrai, éviter tout ce qui pouvait donner lieu aux hommes
investis du pouvoir de croire que je les consi-
dérais comme un gouvernement régulier; mais
j'avais qualité *pour conclure avec eux des arrangements partiels;* et la proclamation, rédigée par M. Drouyn de Lhuys, avait précédemment déclaré que *l'on se concerterait avec les
autorités existantes.*

L'obligation de me concerter avec MM. d'Harcourt et de Rayneval n'avait rapport qu'aux occur-
rences qui n'exigeaient pas une solution immédiate.
Dans les circonstances urgentes je devais recouvrer
ma liberté d'action, comme, par exemple, dans
le moment où j'ai été appelé à signer la convention provisoire du 31 mai peu d'heures seulement avant l'expiration de l'armistice et lorsque
notre armée s'ébranlait déjà pour commencer les

hostilités sans que le général Oudinot eût reçu de Paris l'ordre d'attaquer, et sans qu'un seul mot de réponse à la première de mes dépêches, datée du 16 mai, me fût parvenu.

Tels étaient mes instructions et mes pouvoirs.

J'avais donc qualité pour signer, le 31 mai, l'arrangement partiel conforme à mes instructions, et dont l'effet eût été de rendre notre mission plus facile, notre influence réelle et considérable, et d'épargner à la fois les millions et le sang de la France.

Si cet acte eût reçu l'approbation du gouvernement, si le général Oudinot eût attendu la ratification que j'avais stipulée, nous étions bien loin de consentir, comme on l'a dit, à laisser reculer nos soldats et à leur interdire l'entrée de Rome. Mes observations, consignées en regard de l'article 3 du contre-projet présenté le 30 mai [1], et la lettre que m'adressèrent les triumvirs, après l'adoption par l'Assemblée romaine de mes dernières propositions, prouvent, au contraire, que les portes de la ville auraient été ouvertes au général en chef, à son état-major, à tous les corps de l'armée, et que les Français auraient été accueillis en amis par les autorités et par la population tout entière.

Les articles 1er et 2 de ma convention me pa-

[1] Voir page 51.

raissent donc suffisamment justifiés. Quant à l'article 3, garantissant contre l'invasion étrangère les territoires occupés par nos troupes, il avait l'avantage de nous faire considérer par les Romains comme des amis venant concourir, dans une certaine mesure, à la défense de leur pays, puisque là où nous étions ils avaient la certitude de ne pas avoir à craindre l'approche d'un ennemi.

En résumé, le traité nous permettait de conserver notre libre arbitre et d'attendre dans de bonnes positions indépendantes les événements, ainsi que la décision suprême du gouvernement, sans nous engager à reconnaître la République romaine, sans accepter aucune solidarité avec elle, sans la détruire et sans nous aliéner les sympathies des populations.

Un reproche dont j'ai déjà parlé m'est revenu de toutes parts : *Jamais le gouvernement n'a reconnu la République romaine, et vous n'avez pas hésité à la reconnaître en traitant avec les autorités qui prétendaient la représenter.* Ce reproche, je l'espère, est déjà démenti par toutes les pièces qui sont sous les yeux du conseil ; et quoiqu'il soit assez étrange d'envoyer un agent traiter avec des populations, avec mission cependant de ne pas reconnaître le caractère de ceux qui les gouvernent, cette difficulté, je l'ai vaincue sans consentir à accepter l'intervention du ministre des États-Unis, qui avait présenté un projet de traité où la reconnaissance de la République romaine apparaissait à chaque ligne, alors que dans tous mes actes elle était repoussée.

Autant vaudrait supposer que le général Oudinot, pendant qu'il assiégeait Rome, reconnaissait le triumvirat parce qu'il lui adressait une proclamation pour les habitants de Rome.

Si j'eusse trouvé debout l'Assemblée constituante, j'étais assez heureux pour entendre dire que j'avais rendu un service à mon pays. Ce pouvoir disparaît devant un pouvoir nouveau, l'ordre part immédiatement de rompre toute négociation avec les Romains et d'employer la force du canon, et moi, ministre de paix, qui croyais rapporter un gage de la conciliation désirée, j'entends moi-même le chef du cabinet que ma mission avait contribué à consolider, me dénoncer à la tribune de l'Assemblée législative comme un homme capable d'accepter des *conditions insolentes et contraires à la dignité de la France.*

Quelle garantie resterait-il dans ces temps d'orages aux hommes mêlés aux affaires publiques si la justice du pays dont le Conseil d'État est l'un des organes les plus élevés, ne les prenait pas sous sa puissante égide?

Je conçois que la politique d'un gouvernement républicain change lorsque les éléments même du pouvoir se renouvellent; mais ce que je ne puis pas comprendre, c'est que l'on veuille détourner la responsabilité du changement en la faisant tomber sur l'agent qui est resté fidèle *jusqu'au bout* à son devoir et à ses instructions.

Le vote qui rappelait l'expédition à son but primitif, la déclaration du cabinet de se conformer à ce vote, la mission qui m'était donnée, les instructions dont j'étais chargé, tout cela précédait les élections générales de quelques jours et devait avoir pour effet de contre-balancer la fâcheuse influence que menaçait d'exercer sur les choix des électeurs la nouvelle de l'affaire du 30 avril, affaire que le gouvernement avait lui-même réprouvée en déclarant qu'il n'avait pas autorisé une attaque contre la ville de Rome.

Le résultat des élections générales était entièrement connu, alors que M. le ministre des affaires étrangères faisait expédier la seule dépêche qui m'ait été adressée et qui, matériellement, ne pouvait arriver à Rome qu'après mon départ[1].

L'Assemblée constituante se séparait et faisait place à la Législative au moment où le télégraphe portait à la fois à l'agent diplomatique l'ordre de revenir, au chef de l'armée d'expédition l'ordre d'attaquer.

Enfin la surexcitation des esprits, la théorie

[1] *Pièces justificatives*, n° 39.

de laquelle serait résulté le droit d'insurrection spontanée sur la nouvelle d'un fait dont l'appréciation était du ressort des pouvoirs publics, toutes ces circonstances que l'événement du 13 juin a révélées, ont pesé sur un cabinet naturellement ému de la part considérable que l'élection avait faite au parti socialiste-montagnard.

Je n'ai pas à examiner les nouvelles résolutions qui ont pu être arrêtées alors, le changement que le cabinet a jugé à propos d'introduire dans sa politique. La situation à la fois républicaine et révolutionnaire de Rome faisait-elle craindre, dans Paris même, au moment de la réunion de la nouvelle Assemblée, des contrecoups funestes? En était-on venu à considérer comme unique moyen de salut, pour la tranquillité de la France, la cessation immédiate, à tout prix, d'un pareil état de choses? Sans avoir été initié aux préoccupations intérieures du gouvernement, je constate seulement qu'un changement très-considérable, survenu dans les conditions de son existence, a pu entraîner un changement analogue dans sa politique.

Que M. le président du conseil, le 11 juin, presque à la veille de la journée des Arts et Métiers, portant seul le fardeau des affaires étrangères, ait tout sacrifié au vote nouveau dont il avait besoin pour fortifier le pouvoir, c'est une extrémité trop cruelle pour la faire durer plus longtemps que la circonstance qui l'a fait naître. Et, sans doute, en déférant au Conseil d'État les actes et la conduite de l'agent sacrifié à cette extrémité étrangère à sa mission, le gouvernement doit penser aujourd'hui qu'il lui a offert non l'occasion d'un blâme, mais un moyen de réparation.

J'attends donc, dans la plus entière confiance, la décision du Conseil.

Mes instructions m'ont été données au grand jour, solennellement, à la face du pays; elles étaient, quant au but à atteindre, nettes et précises. J'ajoute que si elles n'avaient pas eu pour effet, en me laissant le choix des moyens, de mettre les intérêts de *liberté* et d'*humanité* au-dessus d'un faux point d'honneur militaire (car l'honneur militaire de la France, si haut placé, n'était pas atteint par l'affaire du 30 avril), si je n'avais pas eu la *confiance entière* du gouvernement, si je n'avais pas reçu de lui tous les pouvoirs nécessaires pour éviter un nouveau conflit, et ramener l'expédition *au but qui lui avait été assigné*, j'aurais décliné l'honneur qui m'était offert et prié M. le ministre des affaires étrangères de faire un autre choix.

Maintenant que la France est engagée, sans qu'il soit possible de prévoir jusqu'où s'arrêteront les sacrifices qui lui seront imposés, que l'on ose dire que mes rapports partaient d'un cerveau malade, que mes prévisions n'étaient pas justes, que mes intentions n'étaient pas conformes à celles du pouvoir au moment où il m'avait remis l'engagement solennel pris par lui devant la représentation nationale !

Si je n'ai pas agi d'après mes instructions, le mérite de ce que j'ai fait n'appartient pas au cabinet. En face du crédit considérable qu'il faut demander et des difficultés où l'on est jeté, il ne pourra donc justifier d'aucune intention, d'aucun effort pour éviter au pays le double fardeau du sang et de l'argent.

Si j'ai agi d'après mes instructions, le mérite de la prévoyance et de l'humanité, qui ont été mes deux principales préoccupations, revient au ministère. Il peut établir, par les sentiments qui m'ont guidé aussi bien que par les instructions en vertu desquelles j'ai agi, qu'aussi longtemps qu'il l'a cru possible, il a voulu épargner les populations romaines, le sang et les millions de la France, et qu'il a été détourné de cette voie au moment seulement où les élections générales lui ont révélé que la prolongation du statu quo à Rome devenait à ses yeux inconciliable avec une politique à laquelle il attachait désormais le salut de la République française.

———

PIÈCES JUSTIFICATIVES.

Nº 1.

Le ministre des affaires étrangères à M. Ferdinand de Lesseps.

Paris, le 9 mai 1849.

MONSIEUR,

Je vous envoie ci-joint des dépêches adressées à MM. d'Harcourt et de Rayneval, et que je vous prie de leur faire parvenir sans le moindre retard. La copie également ci-jointe de la plus importante de ces dépêches vous fera connaître les directions que je leur donne à l'effet de combattre les pensées de réaction absolutiste qui se manifestent malheureusement dans le conseil du Saint-Père.

Signé : DROUYN DE LHUYS.

Nº 2.

Le ministre des affaires étrangères à MM. de Rayneval et d'Harcourt[1].

Paris, le 9 mai 1849.

MONSIEUR,

J'ai reçu les dépêches que vous m'avez fait l'honneur de m'écrire.

Ce qui nous afflige plus profondément encore que les défiances qu'on persiste à nous témoigner à Gaëte et dont le temps aura bientôt fait justice, c'est la nature des influences qui prévalent évidemment dans les conseils du saint-siége. A mesure qu'on semble approcher du dénouement, on voit se dessiner

[1] Cette dépêche, qui a sans doute été communiquée à la conférence de Gaëte, a déjà été publiée dans des journaux étrangers.

avec plus de netteté de dangereuses propensions, qui, d'abord, se déguisaient sous des prétextes plus ou moins spécieux Pour se refuser à toute déclaration préalable des intentions du Saint-Père, ses conseillers parlent de l'inconvénient de lui lier d'avance les mains. Cette objection pourrait avoir quelque valeur s'il s'agissait de poser, en détail, les bases d'un régime nouveau ; mais lorsque nous demandons seulement qu'on indique la voie dans laquelle on se propose de marcher après le rétablissement de l'autorité du saint-siége, comment comprendre qu'on persiste à se renfermer dans un silence absolu, à moins qu'on n'ait la pensée secrète de revenir purement et simplement à tous les abus de l'ancien régime ?

On parle de certaines tendances réactionnaires dans les populations, qu'il faut ménager et dont nous ne tiendrions pas assez de compte : si ces tendances avaient toute la force qu'on leur suppose, ne serait-il pas à propos de prendre dès à présent une attitude qui mît plus tard le Saint-Père en mesure de leur résister ? Croit-on d'ailleurs qu'il soit indifférent de rassurer cette portion nombreuse de la population romaine dont la modération, tout en détestant le régime de l'anarchie, redoute presque également le retour de celui qui a marqué d'un si triste caractère le règne de Grégoire XVI, de ce régime qui, à la mort de ce pontife, avait rendu un changement de système absolument inévitable, et qui, en provoquant une réaction violente, a bien autrement contribué aux malheurs de ces derniers temps que n'a pu le faire la précipitation de quelques réformes accomplies, peut-être avec trop peu de réflexion ? Les hommes dont je parle et qui, si nous ne nous trompons, composent la presque totalité des classes aisées et éclairées, se rallieraient volontiers aujourd'hui à toute combinaison qui leur offrirait des garanties d'ordre, de sécurité, de bonne administration ; mais peuvent-ils ne pas concevoir de graves inquiétudes, lorsqu'ils voient qu'on garde un silence absolu sur l'avenir, et ne sont-ils pas fondés à craindre que l'on ne pense à annuler toutes les concessions dues à la générosité de Pie IX, y compris la sécularisation des fonctions publiques, base première et essentielle sans laquelle toute réforme tentée dans les États de l'Église ne peut être qu'illusoire ?

Je ne m'étendrai pas plus longuement sur ce sujet. Les tristes réflexions qu'il me suggère ne vous ont point échappé, et vous n'avez rien négligé pour ramener à un point de vue plus vrai ceux qui s'opiniâtrent à en méconnaître la justesse.

En se refusant à laisser le Saint-Père rassurer les esprits par des explications, par des promesses, ils ont très-probablement contribué à fortifier la résistance inattendue qu'a rencontrée notre expédition. On se repose sur l'assurance que des forces étrangères ramèneront le Pape dans ses États; mais songe-t-on à l'avenir qu'on lui prépare en le poussant dans ces voies funestes? Les leçons de l'expérience seront-elles donc toujours perdues? Retombera-t-on toujours dans les mêmes erreurs? Et le prétexte d'un mauvais succès, d'une tentative de réforme faite dans les circonstances les plus défavorables, pèsera-t-il plus que tous les arguments de la raison, appuyés de tant d'exemples empruntés à l'histoire de ces derniers temps?

Quoi qu'il en soit, monsieur, ce que nous faisons en ce moment pour la pacification des États de l'Église, les sacrifices que nous coûte une telle entreprise, la responsabilité morale qu'elle nous impose, nous autorisent sans doute à demander qu'on ne persiste pas dans une ligne de conduite qui aggraverait à un tel point cette responsabilité.

Le vœu que nous exprimons ne constitue pas d'ailleurs une exigence dont on ait lieu d'être surpris. Ce que nous réclamons, c'est ce qu'on nous avait promis jusqu'à présent sans difficulté, c'est la réalisation d'un plan de conduite qui naguère encore ne semblait pas pouvoir être mis en question. On ne cessait de nous répéter que le retour à l'ancien régime était impossible, que l'état actuel des esprits, que la situation générale de l'Europe ne le comportaient pas; à peine laissait-on entendre qu'il pourrait être prudent d'apporter quelques modifications de détail au statut constitutionnel accordé par Pie IX. La nécessité, la convenance de modifications semblables pourront être prises en considération, lorsque l'ordre et la paix auront été rétablis; mais je dois le dire, nous n'admettons pas comme possible que ce statut lui-même soit dès à présent considéré comme non avenu. Le respect que nous avons pour le Saint-Père ne nous permet pas d'admettre que les institutions qu'il avait données à son peuple aient été complétement annulées par le fait des déplorables événements dont Rome a été le théâtre depuis le mois de novembre dernier. La pensée que le régime antérieur à 1846 se relèverait à Rome n'est jamais entrée dans nos prévisions ni dans nos calculs. Nous avons agi sous l'influence d'une tout autre conviction.

Nous espérons encore que nous ne nous étions pas trompés ; nous ne voulons pas attacher trop d'importance à quelques paroles prononcées peut-être dans des moments d'excitation et de susceptibilité ; mais il s'agit dans cette affaire d'intérêts trop grands, trop puissants, pour que, dès à présent et sans attendre des éclaircissements qui peut-être dissiperaient nos inquiétudes, je ne doive pas vous charger de faire entendre au cardinal secrétaire d'État, au Saint-Père lui-même, et si vous le jugiez à propos, aux membres de la conférence, des représentations dont la vivacité est naturellement proportionnée à la gravité des dangers qu'elles ont pour objet de détourner. Ils comprendront que, dans la position où nous nous sommes placés, nous avons de grands devoirs à remplir. *Ces devoirs nous sommes résolus à ne pas y manquer.*

Ne perdez pas un moment, monsieur, pour me faire connaître ce qu'on aura répondu aux avertissements pressants dont vous trouverez le texte dans cette dépêche. Il nous importe de savoir promptement sur quoi nous pouvons compter.

N° 3.

Le ministre des affaires étrangères à M. Ferdinand de Lesseps.

Paris, le 10 mai 1849.

Monsieur,

Nous avons appris que M. le général Oudinot avait cru devoir inviter un commissaire envoyé au nom du Saint-Père à Civita-Vecchia à ne pas prolonger son séjour dans cette ville, où sa présence faisait un effet assez fâcheux. Le gouvernement de la République approuve complétement cette mesure, inspirée par une saine intelligence des nécessités de la situation et de ce qu'exige la sûreté de notre armée. Tant que le but de notre expédition ne sera pas atteint, nous ne pouvo ns permettre qu'il s'organise en dehors de notre influence , sur le territoire que nous occuperons, des centres d'autorité qui pourraient, même involontairement, contrarier notre action et en compromettre le succès.

C'est dans ce sens, monsieur, que vous devrez faire usage des pouvoirs qui vous ont été confiés. Mieux que personne vous saurez porter , dans l'exercice de ces pouvoirs, avec la fermeté nécessaire, les égards et les formes propres à ménager autant que possible des susceptibilités dont il convient de tenir compte dans une extrême mesure. Je n'ai pas besoin de vous recommander de vous concerter en toutes choses avec M. le général Oudinot, à qui je fais part des instructions que je vous envoie.

Signé : DROUYN DE LHUYS.

N° 4.

M. de Lesseps à M. le ministre des affaires étrangères.

Rome, 16 mai 1849.

MONSIEUR LE MINISTRE,

Je vous ai annoncé hier par le télégraphe qu'après m'être mis d'accord avec le général Oudinot je partais pour Rome , accompagné de M. de La Tour d'Auvergne afin de m'assurer des dispositions réelles de la population romaine et de vous rendre un compte exact de mes informations. Voici ce que j'écrivais ensuite de Rome dans la même journée au général en chef : « Dans la situation d'attente où nous nous trouvons, il me paraît extrêmement important d'éviter, dans ce moment, toute espèce d'engagement. Je vois une ville entière en armes ; habitué à juger des cités en révolution, je trouve ici, au premier abord, l'aspect d'une population décidée à la résistance , et rejetant tous les calculs exagérés , on peut compter au moins sur vingt-cinq mille combattants sérieux. Si nous entrions de vive force dans Rome, non-seulement nous passerions sur le corps des aventuriers étrangers, mais nous laisserions sur le carreau des bourgeois, des boutiquiers, des jeunes gens de famille, toutes les classes enfin qui défendent l'ordre et la société à Paris. Que cet état de choses n'ait pas existé, il y a quinze jours, à l'époque même où nos troupes se sont présentées pour la première fois devant Rome, il est certain que par telle ou telle cause, ancienne ou nouvelle, il existe aujourd'hui : il faut donc que nous en tenions compte, que nous ne précipitions rien, que nous n'engagions pas notre gouvernement contrairement au but qu'il a manifesté au commencement de l'expédition, dont il vient encore de renouveler la déclaration, et en définitive contrairement au vœu de l'Assemblée nationale. Ainsi, je croirais engager très-gravement ma responsabilité si je ne faisais pas tous mes efforts pour vous amener à suspendre tous actes d'hostilité et toutes démonstrations susceptibles d'en produire, jusqu'au moment où je vous aurai vu et où je vous aurai rendu compte de l'état des choses tel que je l'aurai constaté. Vous êtes d'ailleurs, dans les mêmes sentiments que moi. Je déclarerai de toute façon que nos soldats ne reculeront pas d'une semelle. Votre attitude, vos bonnes dispositions ne peuvent que favoriser une conciliation honorable. Nous sommes forts, attendons.

« M. de La Tour d'Auvergne, sur le compte duquel je n'ai pas tardé à avoir la même opinion que vous m'avez exprimée, partage tout à fait les idées que j'émets dans ce billet. M. de Gérando, homme de sens et dont on m'a fait l'éloge au ministère avant mon départ de Paris, m'a confirmé dans ma conviction d'une résistance à peu près générale. *En vous parlant de résistance, ce n'est pas que je ne sois persuadé que nos braves soldats en viendraient à bout, mais le sang coulerait abondamment de part et d'autre. C'est ce que nous ne voulons ni vous, ni moi.* »

A peine arrivé à Rome, les triumvirs m'ont fait connaître leur désir de me voir. J'ai été leur rendre visite. Je leur ai déclaré que j'étais envoyé par mon gouvernement pour chercher et dire la vérité sur l'état des esprits dans la population romaine depuis les événements du 30 avril ; que notre but était d'employer tous les moyens compatibles avec la dignité du pays et l'honneur militaire pour empêcher une lutte déplorable entre les Français et les Romains, que, d'après les observations que j'allais faire, observations dont le général Oudinot serait informé, j'espérais pouvoir bientôt signifier que tout acte ou démonstration d'hostilité cesserait de la part de l'armée française contre la ville de Rome.

Ce matin, j'ai envoyé au quartier général M. de La Tour d'Auvergne, qui a tenu au courant le général en chef de toutes mes démarches, de tous mes renseignements, et qui m'a rapporté la promesse de ne pas gêner mon action par aucune démonstration hostile. J'ai donc été en mesure de donner, au nom du général en chef et au mien, l'assurance que les hostilités seraient suspendues et de me montrer disposé à entrer en négociation.

J'ai émis confidentiellement l'idée de faire décider par l'Assemblée nationale qu'une députation, choisie dans son sein, irait au quartier général pour traiter et viendrait me demander de se joindre à elle. J'ai l'espoir que cette idée sera adoptée; j'ai déjà reconnu par moi-même les dispositions favorables des triumvirs, du président de l'Assemblée nationale, de plusieurs députés, et de quelques hommes influents de la population. Ce résultat me paraît assuré et ne nous compromet pas, puisqu'il a pour but d'éviter de nous faire négocier de prime abord avec le pouvoir exécutif d'un gouvernement que nous n'avons pas reconnu; il a été amené par des démarches qui ne m'ont pas laissé un moment de repos. Lorsque je me présenterai avec la députation de l'Assemblée au quartier général, il y aura lieu de conclure un arrangement. Je viens de rédiger un projet dont je vous transmets une copie ; j'irai demain matin en discuter les bases avec le général Oudinot et probablement avec M. d'Harcourt dont on me fait espérer l'arrivée. Vous jugerez, monsieur le ministre, s'il concilie les intérêts si compliqués que nous avions à ménager, s'il réserve au gouvernement de la République toute sa liberté *pour suivre, selon ses intérêts et les circonstances nouvelles, une politique claire et décidée.*

Une colonne de douze mille hommes, infanterie, cavalerie, et artillerie est sortie aujourd'hui à cinq heures du soir pour aller combattre les Napolitains.

Veuillez agréer, etc. *Signé* : FERD. DE LESSEPS.

P. S.—J'ai visité, en compagnie de M. de La Tour d'Auvergne, dans deux hôpitaux, des soldats français de notre corps d'expédition, blessés dans l'affaire du 30 avril. Ils sont au nombre de vingt-six. Je leur ai promis de leur faire rejoindre leurs camarades aussitôt qu'ils seraient guéris. Nulle part ils ne pourraient être mieux soignés. Des dames romaines des premières familles leur donnent jour et nuit l'assistance la plus touchante, et ont établi leur domicile dans les hôpitaux. La princesse Belgiojoso est à leur tête.

N° 5.

M. de Lesseps à M. le ministre des affaires étrangères.

Rome, 18 mai 1849.

Monsieur le ministre,

Une conférence a eu lieu au quartier général de l'armée française entre M. le général Oudinot de Reggio, M. d'Harcourt et moi. J'ai lu et commenté ma dépêche n° 1[1]. Mes premières démarches ont été approuvées ainsi que le projet qui doit servir de base aux négociations. Ce projet subira certainement des modifications de détail qui n'en dénatureront pas l'esprit.

A mon retour à Rome, j'ai appris que l'Assemblée avait, à l'unanimité, décidé qu'une commission de trois membres serait désignée pour entrer en négociation. Ont été nommés, pour en faire partie, MM. Sturbinetti, par 125 votes sur 130; Audinot de Bologne, par 100 votes, et Cernuschi, Milanais, par 67. Ce dernier, qui eût été un très-bon choix comme les deux autres, n'a pas accepté par délicatesse; il est entré dans la pensée qu'il était préférable que la députation fût composée d'Italiens originaires des États romains. Son remplaçant a été nommé dans la séance d'aujourd'hui; c'est M. Agostini.

Avant la séance qui a précédé le vote d'hier, j'avais dans mon salon plusieurs personnes, entre autres le député qui devait présider, M. C. Bonaparte. On chercha à établir une distinction entre mes intentions et celles de mon gouvernement et du général

----

[1] Cette dépêche est celle qui précède. (Voir n° 4.)

Oudinot ; l'on me demanda comment il serait possible de détruire les préventions qui existaient à ce sujet dans la population romaine ; je leur dis alors que rien n'était plus facile, puisque vous veniez de m'écrire, en date du 10 , en donnant votre approbation à la conduite du général Oudinot, qui avait cru devoir faire partir de Civita-Vecchia un envoyé du Saint-Père, dont la présence produisait un effet fâcheux et gênait notre action. Je n'ai pas besoin de vous assurer, monsieur le ministre, que je ne dis que ce que je suis obligé de dire pour sortir du pas le plus difficile peut-être dans lequel nous ayons été engagés depuis longtemps, que pour le reste, je suis très-réservé avec tout le monde, et que si j'écoute les hommes de tous les partis, de toutes les conditions, de toutes les nations qui viennent à moi dès cinq heures du matin jusqu'à minuit et reçoivent naturellement un bon accueil, c'est pour accomplir aussi bien que possible la mission que vous m'avez confiée.

Demain commenceront probablement les négociations ; je pars pour le quartier général afin d'y préparer M. le commandant en chef, avec lequel je suis dans les relations, que m'assuraient d'avance son patriotisme et la loyauté de son caractère. Je ne manque pas de me concerter avec lui pour tout ce qui est relatif à nos communes instructions.

M. de Forbin-Janson sera porteur de cette dépêche et de la précédente. M. d'Harcourt l'a autorisé à se rendre auprès de vous et à vous donner sur tout ce qu'il a vu et sur la situation actuelle de Rome des renseignements qui pourront vous être utiles.

J'avais prié M. Mazzini de me remettre une note sur la manière dont il envisageait la situation actuelle de Rome. Il s'est rendu avec empressement à mon désir, j'ai l'honneur de vous envoyer une copie de sa lettre[1] que vous trouverez sans doute remarquable.

Veuillez agréer, etc.

Signé : Ferd. de Lesseps.

[1] Voir n° 8, p. 107.

N° 6.[1]

M. Mazzini à M. de Lesseps.

17 mai.

Les courriers porteurs des correspondances habituelles, qui sortent des portes Angelica, viennent d'être repoussés par les Français, « par ordre du général. » Que signifie la cessation des hostilités, si nous continuons d'être cernés et entravés dans tout ce qui peut nous servir à informer les provinces et à préparer nos moyens de défense contre les Autrichiens et les Napolitains ? Quel effet cela doit-il produire sur nos populations, si ce n'est celui de croire que la trêve n'est pour nous qu'un mot vide de sens ? Cet état de choses ne peut durer. Songez donc que nous avons notre territoire envahi, et qu'il nous faut nous défendre. Les courriers ont été repoussés au pont d'Acqua Traversa. Voyez si vous pouvez porter remède à tout cela ; je connais le pays, et je sais que toute négociation sera impossible si cet état de choses se prolonge.

Signé : JOS. MAZZINI.

N° 7.

M. de Lesseps à M. Mazzini.

Rome, 18 mai, dix heures du matin.

J'ai reçu hier fort tard en rentrant votre billet. L'incident des courriers s'arrangera immédiatement.

On pourrait induire de quelques paroles prononcées hier à la chambre que l'on chercherait à faire une distinction entre ma conduite et mes intentions avec la conduite et les intentions de mon gouvernement. Je dois avoir la loyauté de vous déclarer que si les pouvoirs avec lesquels nous allons traiter avaient une telle idée, ou si un langage qui en serait la conséquence était tenu, soit contre le président de la République française, soit contre les ministres qui m'ont envoyé à Rome, soit contre l'honorable et brave général Oudinot, toute négociation serait rompue à l'instant.

[1] Les nᵒˢ 6, 7, 8, sont des documents qui étaient annexés à la dépêche du 8 mai. (Voir nᵒ 5, p. 104.)

On a accusé mon gouvernement d'avoir une arrière-pensée; s'il l'avait eue, il ne m'aurait pas chargé d'une mission d'humanité et de vérité que je remplirai avec dévouement jusqu'au dernier moment et pour laquelle j'ai déjà éprouvé que je puis compter sur votre haute intelligence. Je ne doute donc pas de réussir, puisque le résultat que nous cherchons peut être exposé au grand jour.

J'ai envoyé votre note à M. Drouyn de Lhuys. Je vous en remercie.

FERD. DE LESSEPS.

P. S. — Je vous autorise à faire de ma lettre l'usage que vous jugerez convenable.

N° 8.

M. Mazzini à M. de Lesseps.

17 mai.

MONSIEUR,

Vous me demandez quelques notes sur l'état actuel de la République romaine, je vais vous les fournir avec cette franchise qui a été pour moi pendant vingt années de vie politique, une règle inviolable. Nous n'avons rien à cacher, rien à déguiser. Nous avons été en ces derniers temps, étrangement calomniés en Europe; mais nous avons toujours dit à ceux auprès desquels on nous calomniait : venez et voyez. Vous êtes maintenant ici, monsieur, pour vérifier la réalité des accusations ; faites-le. Votre mission peut s'accomplir avec une liberté pleine et entière. Nous l'avons saluée avec joie; car elle est notre garantie.

La France ne nous conteste sans doute pas le droit de nous gouverner comme nous l'entendons, le droit de tirer, pour ainsi dire, des entrailles du pays, la pensée qui règle sa vie et d'en faire la base de nos institutions. La France ne peut que nous dire : « En reconnaissant votre indépendance, c'est le vœu libre et spontané de la majorité que je veux reconnaître. Liée aux puissances européennes et cherchant la paix, s'il était vrai qu'une minorité s'imposât chez vous aux tendances nationales, s'il était vrai que la forme actuelle de votre gouvernement ne fût que la pensée capricieuse d'une faction substituée à la pensée commune, je ne pourrais pas voir avec indifférence que la paix de l'Europe fût mise continuellement en danger par les emportements et l'anarchie qui doivent nécessairement caractériser le règne d'une faction. »

Nous reconnaissons ce droit à la France, car nous croyons à la solidarité des nations pour le bien ; mais nous disons que si jamais il y eut un gouvernement issu du vœu de la majorité et maintenu par elle, ce gouvernement, c'est le nôtre.

La République s'est implantée chez nous par la volonté d'une assemblée issue du suffrage universel : elle a été partout acceptée avec enthousiasme ; elle n'a rencontré d'opposition nulle part. Et remarquez bien, monsieur, que jamais l'opposition ne fut si facile, si peu dangereuse, je dirai même si provoquée, non par les actes, mais par les circonstances exceptionnellement défavorables dans lesquelles elle s'est trouvée placée à son début.

Le pays sortait d'une longue anarchie de pouvoirs inhérents à l'organisation intime du gouvernement déchu. Les agitations inséparables de toute grande transformation et fomentées en même temps par les crises de la question italienne et par les efforts du parti rétrograde, l'avaient jeté dans une excitation fébrile qui le rendait accessible à toute tentative hardie, à tout appel aux intérêts et aux passions. Nous n'avions pas d'armée, pas de puissance répressive. Conséquence des dilapidations antérieures , nos finances étaient apauvries, épuisées. La question religieuse, maniée par des mains habiles et intéressées, pouvait servir de prétexte auprès d'une population douée d'instincts et d'inspirations magnifiques, mais peu éclairée.

Et cependant, aussitôt le principe républicain proclamé, un premier fait incontestable se produisit : l'ordre. L'histoire du gouvernement papal se détaille par ses émeutes : il n'y a pas eu une seule émeute sous la République. L'assassinat de M. Rossi , fait déplorable, mais isolé, excès individuel repoussé, condamné par tout le monde, provoqué peut-être par une conduite imprudente, et dont la source est restée ignorée, fut suivi de l'ordre le plus complet.

La crise financière atteignit son apogée ; il y eut un instant dans lequel le papier de la République ne put, par suite de manœuvres indignes, s'escompter qu'à quarante-un ou quarante-deux pour cent. L'attitude des gouvernements italiens et européens devint de plus en plus hostile. Difficultés matérielles et isolement politique, le peuple supporta tout avec calme. Il avait foi dans l'avenir qui sortirait du nouveau principe proclamé.

Par suite de menaces obscures, mais surtout du manque d'habitudes politiques, un certain nombre d'électeurs n'avait pas contribué à la formation de l'assemblée. Et ce fait paraissait affaiblir l'expression du vœu général. Un second fait caractéristique, vital, vint répondre d'une manière irréfutable aux doutes qui auraient pu prévaloir. Il y eut, peu de temps avant l'installation du triumvirat, réélection des municipalités. Tout le monde vota. Partout et toujours l'élément municipal représente l'élément conservateur de l'État. Chez nous, on redouta un instant qu'il ne représentât un élément rétrograde. Eh bien ! l'orage avait éclaté, l'intervention était initiée : on aurait dit que la République n'avait plus que quelques jours à vivre ; et ce fut ce moment que les municipalités choisirent pour faire acte d'adhésion spontanée à la forme choisie. Pendant la première quinzaine de ce mois, aux adresses des cercles et des commandements de la garde nationale, vinrent se joindre, deux ou trois exceptées, celles de toutes les municipalités. J'ai eu l'honneur, monsieur, de vous en transmettre la liste. Elles proclament toutes un dévouement explicite à la République, et une profonde conviction que les deux pouvoirs réunis sur une seule tête sont incompatibles. Ceci, je le répète, constitue un fait décisif. C'est une seconde épreuve légale complétant la première de la manière la plus absolue, et constatant notre droit.

Aujourd'hui, au milieu de la crise, en face de l'invasion française, autrichienne et napolitaine, nos finances se sont améliorées ; notre crédit se refait, notre papier s'escompte à douze pour cent ; notre armée grossit chaque jour, et les populations entières sont prêtes à se soulever derrière elle. Vous voyez Rome, monsieur, et vous connaissez la lutte héroïque que soutient Bologne. J'écris ceci dans la nuit, au milieu du calme le plus profond. La garnison a quitté la ville hier soir. Et avant

l'arrivée de nouvelles troupes à minuit, nos portes, nos mu ·
railles et nos barricades étaient, sur un simple mot passé de bouche, garnies sans bruit, sans forfanterie, par le peuple en armes.

Il y a au fond du cœur de ce peuple une décision bien arrêtée : la déchéance du pouvoir temporel investi dans le pape ;
la haine du gouvernement des prêtres sous quelque forme,
mitigée, détournée, qu'il puisse se présenter. Je dis la haine
non des hommes mais du gouvernement. Envers les individus, notre peuple s'est toujours , Dieu merci, depuis l'avé-
nement de la République, montré généreux ; mais l'idée seule
du gouvernement clérical, du roi-pontife, le fait frémir. Il lut-
tera avec acharnement contre tout projet de restauration ; il se
jettera dans le schisme plutôt que de la subir.

Lorsque les deux questions se posèrent devant l'Assemblée,
il se trouva quelques membres timides qui jugèrent la proclamation de la forme républicaine prématurée, dangereuse vis-
à-vis de l'organisation européenne actuelle : pas un seul pour
voter contre la déchéance. Droite et gauche se confondirent.
Il n'y eut qu'une seule voix pour crier : « Le pouvoir temporel
de la papauté est à jamais aboli. »

Avec un tel peuple, que faire? Y a-t-il un gouvernement
libre qui puisse s'arroger sans crime et contradiction le droit
de lui imposer un retour au passé?

Le retour au passé, songez-y bien, monsieur, c'est le désordre organisé ; c'est la lutte des sociétés secrètes à recommencer ;
c'est l'anarchie jetée au sein de l'Italie; c'est la réaction, la
vengeance inoculée au cœur d'un peuple qui ne demande qu'à
oublier, c'est un brandon de guerre en permanence au cœur
de l'Europe : c'est le programme des partis extrêmes remplaçant le gouvernement d'ordre républicain dont nous sommes
aujourd'hui les organes.

Ce n'est pas la France qui peut vouloir cela : ce n'est pas son
gouvernement : ce n'est pas un neveu de Napoléon. Ce n'est
pas surtout en présence du double envahissement des Napolitains et des Autrichiens. Il y aurait aujourd'hui dans la pour-
suite d'un dessein hostile quelque chose qui rappellerait le
concert hideux de 1772 contre la Pologne.

Il y aurait, au reste, impossibilité de réalisation : car ce ne

serait que sur des monceaux de cadavres et sur les ruines de
nos villes que le drapeau tombé par la volonté du peuple pourrait se relever.

J'aurai l'honneur de vous présenter, monsieur, quelques autres considérations sur la question, demain ou après-demain.

Signé : Jos. MAZZINI.

N° 9.

M. de Lesseps à M. le ministre des affaires étrangères.

Rome, 19 mai.

MONSIEUR LE MINISTRE,

J'ai l'honneur de vous transmettre ci-jointe la collection des
comptes rendus des séances de l'Assemblée constituante romaine, depuis le 6 février dernier jusqu'au 17 mai inclusivement, ainsi qu'un exemplaire du *Bulletin des lois de la République romaine,* depuis le n° 1 jusqu'au n° 24 inclusivement.

Ces documents m'ont paru de nature à vous intéresser.

Agréez, etc.

FERD. DE LESSEPS.

N° 10.

M. de Lesseps à M. le ministre des affaires étrangères.

Rome, 22 mai.

MONSIEUR LE MINISTRE,

M. de La Tour d'Auvergne que j'expédie à Paris et que je
vous prie de me renvoyer immédiatement, vous donnera des
informations qui me semblent indispensables dans la gravité
des circonstances actuelles, pour y conformer notre politique.
Il est impossible à ma correspondance de vous les fournir, car
dans ce moment mon rôle est uniquement un rôle d'action et
laisse peu de temps à la méditation et au travail. Les pièces ci-
jointes forment l'élément des renseignements que M. de La
Tour d'Auvergne est tout à fait en mesure de vous fournir. J'ai

en lui la confiance la plus entière, et je pourrais difficilement rencontrer un agent du département plus capable de me seconder. Les documents qu'il vous remettra sont les suivants :

1° Projet d'arrangement tel qu'il a été modifié à la suite des discussions qui ont eu lieu avec les commissaires de l'Assemblée romaine ; (*Voir* page 28.)

2° Note explicative remise aux commissaires romains, et tenant lieu de procès-verbal de la conférence ;

3° Lettre qui m'a été adressée le 19 par les membres du triumvirat ; (*Voir* le n° 11, page 115.)

4° Copie des lettres particulières échangées, le 21 mai, entre le général Oudinot et moi ; (*Voir* n°ˢ 18, 19, 20.)

5° Extrait de correspondance avec M. Mazzini ;

6° Lettre du commandant Espivent, premier aide de camp du général en chef, et lettre du général Oudinot au sujet d'un caisson d'ambulance offert aux hôpitaux de Rome en reconnaissance des soins donnés à nos soldats blessés dans l'affaire du 30 avril ; (*Voir* n°ˢ 13 et 14.)

7° Note adressée au triumvirat ; (*Voir* n° 15.)

8° Déclaration collective communiquée à l'Assemblée romaine et au triumvirat ; (*Voir* n° 16.)

9° Réponse du triumvirat. (*Voir* n° 17.)

Il résulte des deux derniers documents que le *parti jugé le plus convenable à nos intérêts, est de laisser la population romaine, qui semble favorable à notre projet d'arrangement, manifester ses sentiments,* de manière à ramener les hommes qui la gouvernent à la véritable appréciation de leurs intérêts. J'ai cru devoir insister auprès de l'honorable général Oudinot *pour que la suspension d'hostilité fût maintenue* et pour que le Gouvernement de la République *ait tout le temps de voir clair et de se décider,* d'après des informations sur l'exactitude desquelles il peut compter.

Mais quelle que soit la solution, je ne crois pas que notre corps d'expédition soit suffisant, à cause de l'augmentation des travaux de défense et de l'armement général de la population de la ville. Après m'être concerté très-intimement avec le général en chef de notre armée, après avoir parcouru la ville avec son premier aide de camp, M. Espivent, qui est ici, depuis deux jours, à ma disposition, et qui, à ma demande, restera auprès de moi jusqu'à la conclusion, j'ai la conviction qu'il est urgent de faire partir de Toulon et de Marseille, le plus promptement possible, de vingt à vingt-cinq mille hommes. Ce chiffre n'est pas exagéré. Dans la supposition d'un arrangement avec Rome et de l'entrée amicale de nos troupes, il serait à désirer que nos renforts fussent déjà en route avant cet arrangement, pour lequel je ne vois pas de nécessité de se trop hâter; si en effet nous faisions venir de nouveaux soldats, après l'occupation de Rome, pour prévenir les difficultés extérieures qui pourraient se présenter; cet appel au milieu d'une population qui nous aurait reçus en amis pourrait peut-être contribuer à aggraver les difficultés. En étant très-forts avant de rien entreprendre de définitif, on terminera beaucoup plus vite sans perte de monde : on évitera des difficultés et l'on nous mettra plus promptement en mesure de faire rentrer nos troupes en France. Il ne faut pas perdre de vue que l'accroissement et la concentration de l'armée française à Civita-Vecchia et à Rome n'affaibliront pas notre force intérieure en France, car le jour où notre drapeau sera placé haut en Italie, nous n'aurons plus d'émeutes à réprimer, et dans tous les cas il faut considérer que nous n'avons plus affaire avec des soldats du pape, mais avec des soldats romains.

Je suis d'avis de maintenir à tout prix, envers et contre tous, le général Oudinot; surtout ne lui envoyez point de nouveau matériel de siége. Ce sont des troupes qu'il lui faut; avec elles l'Autriche craindra de nous faire la guerre, tandis qu'avec une augmentation de matériel de siége, *nous paraissons décidés à foudroyer Rome, ce à quoi dans aucune circonstance je ne préterais les mains. Et, si les intentions du gouvernement n'étaient pas telles que je me crois autorisé à les interpréter, je n'hésiterais pas à vous prier de me rappeler; car si je ne devais pas continuer à avoir ma liberté d'action et à m'inspirer des circonstances au milieu de la crise la plus compliquée, ma position ne serait pas tenable. Je continuerai donc à agir sans hésiter et malgré tous les obstacles matériels et personnels jusqu'au moment où M. de La Tour d'Auvergne que j'envoie auprès de vous, vous aura donné de vive voix les détails qu'il est impossible à ma correspondance de vous fournir et où vous m'aurez fait savoir par le télégraphe, le jour de son arrivée, par un simple* OUI *ou par un* NON *si je suis d'accord avec vous.*

C'est avec une intention bien arrêtée que j'ai changé l'article 3 du projet d'arrangement. J'ai cherché à le réduire à sa plus simple expression en écartant tout ce qui n'était pas question du moment et en évitant les deux écueils qui m'avaient été signalés, celui de reconnaître la République romaine, et l'autre d'éveiller les susceptibilités de Gaëte en faisant allusion au conflit élevé entre les intérêts du Saint-Père et les libertés romaines; j'avais jugé, après un mûr examen, qu'en maintenant cet article tel qu'il était nous rendrions impossible, dès le début, nos tentatives de conciliation.

Veuillez agréer, etc.

FERD. DE LESSEPS.

P. S. — Je viens du quartier général, j'ai lu à M. d'Harcourt cette dépêche. Il proteste contre l'inaction de l'armée, *sans toutefois s'opposer à l'exécution de mon opinion* acceptée par le général Oudinot. *Je vais toujours; vous jugerez qui des deux a raison.* Nous sommes d'ailleurs dans les meilleurs termes de cordialité si ce n'est d'*entente cordiale.*

Il faut que je m'occupe de la fermeture des paquets pour les remettre à M. de La Tour d'Auvergne qui va partir et qui vous dira le reste.

Je vous transmets une déclaration (n° 21) établissant que les Polonais au service de Rome n'ont point tourné leurs armes contre les Français, et une lettre de remerciments du chapitre de Saint-Jean de Latran (n° 22) pour la protection que je lui ai accordée ces jours derniers en l'autorisant à mettre le pavillon français sur son magnifique établissement.

Je ne crois pas inutile de vous envoyer le plan de l'appartement que j'occupe à l'hôtel d'Allemagne, parce qu'il pourra faciliter l'explication de certains détails que vous donnera M. de La Tour d'Auvergne [1].

---

[1] Dans un moment où je m'attendais à voir circuler à Paris toutes sortes de bruits et d'accusations contre moi, aussi bien de la part des démagogues que de la part de certains conseillers de Gaëte. J'avais expressément recommandé

N° 11.

Le triumvirat à M. de Lesseps.

Rome, 19 mai 1849.

Nous avons l'honneur de vous transmettre la décision de l'Assemblée concernant le projet que vous avez communiqué à la commission tirée de son sein. L'Assemblée n'a pas cru pouvoir lui donner son adhésion. Elle nous a chargés de vous exprimer en même temps les motifs de son vote unanime et le regret qu'elle éprouve de la triste nécessité où elle s'est trouvée placée.

C'est aussi avec tristesse profonde, comme il convient à des hommes qui aiment la France et ont encore foi en elle, que nous remplissons, monsieur, cette mission auprès de vous.

Lorsqu'après la décision de votre Assemblée « que le gouvernement serait invité.... » nous apprimes votre arrivée, le cœur nous battit de joie. Nous crûmes à la réconciliation immédiate en un seul principe proclamé par vous et par nous entre deux pays auxquels sympathies, souvenirs, intérêts communs et situation politique commandent l'estime et l'amour. Nous pensions que, choisi pour vérifier le véritable état des choses et frappé de l'accord complet qui relie ici en une seule pensée presque tous les éléments de l'État, vous auriez par vos rapports détruit le seul obstacle possible à la réalisation de nos

à M. de La Tour d'Auvergne de donner à M. Drouyn de Lhuys les détails les plus complets sur tout ce que je faisais, afin de montrer, si on le croyait nécessaire, la netteté de ma conduite ; le plan en question, tracé par M. Espivent, premier aide de camp du général en chef, indiquait les noms et les habitations de toutes les personnes qui m'entouraient. C'étaient M. Espivent que j'initiais à tous mes actes et à toutes mes conversations, M. Finot, médecin en chef de l'armée, M. le colonel Lavelaine-Maubeuge, M. Le Duc et M. Veyrassat, artiste statuaire, que le général Oudinot avait lui-même prié de nous aider de ses connaissances locales dans notre œuvre de conciliation, que j'ai ensuite emmené avec moi au quartier général où il est resté pendant huit jours, et qui nous a été utile de la manière la plus loyale et la plus désintéressée. Les détails que devait donner M. de La Tour d'Auvergne avaient aussi pour but, après la scène de l'ambassade de France et les révélations dont il avait été le témoin, de faire comprendre que si je restais à Rome pendant quelques jours encore, pour y suivre les négociations, je ne compromettais pas, par une confiance imprudente, les graves intérêts dont j'étais chargé.

vœux, le seul doute qui pût encore arrêter la France dans l'accomplissement de la noble pensée qui a dicté la résolution de votre Assemblée.

Accord, paix intérieure, détermination réfléchie, enthousiasme, générosité de conduite, vœu spontané et formel des municipalités, de la garde nationale, des troupes, du peuple, du gouvernement et de l'Assemblée souveraine en faveur du régime existant, vous avez, monsieur, observé tout cela; vous l'avez redit à la France, et nous avions le droit d'espérer, monsieur, que, parlant au nom de la France, vous auriez prononcé des paroles plus rassurantes que celles qui forment votre projet.

L'Assemblée a remarqué la manière dont les mots *République romaine* sont studieusement évités dans votre premier article. Elle a cru y démêler une intention défavorable.

Elle a pensé, monsieur, qu'excepté la plus grande importance que votre nom et vos pouvoirs lui donnaient, il n'y avait presque pas plus en fait de garanties, dans votre projet que dans le langage de quelques-uns des actes du général avant la journée du 30 avril. L'opinion générale du peuple une fois constatée, elle n'a pas pu comprendre l'insistance qu'on met à vouloir briser en visière contre cette opinion par l'occupation de Rome. Rome n'a pas besoin de protection; on n'y combat pas; et, si quelque ennemi venait se présenter sous ses murs, elle saurait lui résister par ses propres efforts. C'est à la frontière toscane, c'est à Bologne qu'on peut protéger Rome aujourd'hui. Là aussi, dans votre troisième article, elle a donc aussi dû entrevoir l'influence d'une pensée politique à laquelle elle peut acquiescer d'autant moins que le décret de l'Assemblée nationale française lui semble décidément contraire à une occupation non provoquée, non réclamée par les circonstances.

Nous ne vous cacherons pas, monsieur, que la malheureuse coïncidence d'un rapport concernant l'enceinte de défense avec la discussion n'a pas peu influé sur la décision de l'Assemblée. Un noyau de soldats français a aujourd'hui même, contre l'esprit de la suspension d'armes, passé le Tibre, près de San-Paolo, en rétrécissant ainsi plus encore qu'il ne l'est le cercle des opérations militaires autour de la capitale. Et cet acte, monsieur, n'est pas isolé. Les défiances de la population déjà soulevées par la seule pensée de voir sa ville, la ville Palladium, la ville éternelle, occupée par des troupes étrangères, s'en sont encore accrues, et rendraient difficile, impossible peut-être toute transaction sur un point auquel d'ailleurs l'Assemblée tient comme à la garantie vitale de son indépendance et de sa dignité.

Par ces raisons et par bien d'autres encore, l'Assemblée a dû, bien qu'à regret, juger le projet inadmissible. Nous aurons l'honneur, monsieur, de vous transmettre demain, d'après son intention avouée, une proposition bien au-dessous de ses légitimes espérances, mais qui aurait du moins l'avantage d'éloigner tout danger de collision entre deux Républiques basées sur les mêmes droits et liées par les mêmes espérances.

Agréez, monsieur, etc.

Le triumvirat,
Armellini, Mazzini, Saffi.

N° 12.

Lettre particulière de M. Mazzini à M. de Lesseps.

Rome, 19 mai 1849.

Mon cher monsieur,

J'ai appelé les trois commissaires; je leur ai proposé les trois articles, non pas comme venant de moi, cela je ne le pouvais pas, mais comme base probable des propositions qui seraient faites dans la conférence. Ils ont été déclarés inacceptables. Il a été remarqué que, dans l'état actuel des choses, toute proposition qui tendrait à admettre les troupes françaises ici sans que la République romaine fût reconnue, sans au moins que le gouvernement actuel fût reconnu comme étant l'expression libre du vœu des populations, non-seulement serait déclarée inadmissible par l'Assemblée; mais nuirait au succès possible des négociations. Je vous avoue que je partage leur avis. Ceci examiné de sang-froid m'a convaincu que les trois articles ne contiennent rien de plus au fond que ce que quelques-unes des proclamations du général Oudinot contenaient. On a parlé de protection avant la journée du 30. Le second article expose Rome au danger que je vous ai signalé : un changement d'hommes et d'institutions suffirait à décider du sort de la ville. Et, quant au troisième article, le vœu des populations s'est déjà prononcé. Les commissaires n'ont pas jugé qu'il y eût urgence; mais ils viendront vous voir aujourd'hui à midi.

Je ne vois pas trop de danger en cela. Lors même que les lettres dont vous m'avez donné communication porteraient fruit, il se passera toujours six à sept jours avant l'envoi d'une réponse.

Croyez-moi, monsieur, je vous l'ai dit dès le premier jour, toute négociation sera difficile jusqu'à ce que les troupes ne soient pas éloignées, tant qu'on pourra croire d'un moment à l'autre qu'on peut être attaqué. Le doute, la défiance sont dans tous les cœurs. Si les troupes s'éloignaient, si nos fusils nous étaient rendus, si le gouvernement actuel était reconnu comme l'expression de la volonté du pays, il est probable que le général serait admis avec son état-major et une garde d'honneur, non pas à titre d'occupation, mais de visite fraternelle et de vérification.

Nous reparlerons de tout cela. Je suis accablé de fatigue, il est cinq heures, et il faut que je dorme. Songez, monsieur, que la chose n'est plus en mes mains pleine et entière, et que l'Assemblée que vous avez fait intervenir est la souveraine.

Recevez, etc.

MAZZINI.

N° 13.

M. le chef d'escadron Espivent à M. le général Oudinot.

Rome, le 20 mai.

MON GÉNÉRAL,

M. de Lesseps envoie à votre camp le docteur Finot et M. Baroni, médecin en chef de l'armée italienne, qui a présidé aux soins bien intelligents et affectueux donnés à nos blessés.

M. de Lesseps et moi pensons que nous ne devons pas rester en arrière en sentiment de générosité avec le gouvernement italien.

Les médecins italiens sont fort embarrassés pour organiser leur système d'ambulance, n'ayant jusqu'à ce jour fait que des expériences incomplètes. Ils ont instamment prié M. le docteur Finot de leur donner la facilité de visiter un de nos caissons d'ambulance, qui ont, vous le savez, une réputation européenne.

M. de Lesseps ayant eu connaissance de ce détail, a pensé qu'il était convenable, urgent et *surtout politique,* non pas de prêter, mais de donner au nom de la République française au gouvernement italien, un de ces caissons comme témoignage de notre sympathie pour les soins affectueux dont ils ont entouré nos blessés.

Si vous avez quelque doute sur la possibilité de donner cet objet appartenant à l'État, M. de Lesseps propose pour la lever d'en rembourser la valeur au ministère de la guerre,

Vous avez onze caissons tant à Civita-Vecchia qu'au quartier général : un de moins ne peut donc pas nuire aux exigences du service quelles qu'elles soient.

Je pense encore avec M. de Lesseps qu'il est important d'agir dans cette affaire avec la plus grande célérité. Renvoyez-nous donc immédiatement M. Baroni avec le docteur Finot et le caisson sur lequel vous ferez monter deux infirmiers très-habiles.

Le docteur vous expliquera mieux que je ne pourrais le faire les avantages que nous pourrons tirer de ce cadeau.

Je suis avec respect, etc.

Le chef d'escadron, aide de camp,

Espivent.

N° 14.

Le général Oudinot à M. de Lesseps.

Au quartier général de la Villa Santucci, le 20 mai.

M. LE MINISTRE PLÉNIPOTENTIAIRE,

Les soldats français blessés dans le combat du 30 avril ont reçu à Rome des soins aussi éclairés que dévoués. Je suis profondément reconnaissant de cette bienveillante sollicitude pour mes compagnons d'armes.

J'apprends que le service des hôpitaux de l'armée romaine est susceptible de certaines améliorations déjà introduites dans nos armées. Interprète des sentiments humanitaires de mon gouvernement je vous prie de vouloir bien offrir en son nom, au service de santé de l'armée romaine, le caisson d'ambulance que je fais diriger sur la capitale à cet effet.

Je désire que les soldats dont nous avons été les adversaires trouvent dans cette offre un témoignage particulier d'estime et de sympathie.

Recevez, je vous prie, etc.

Le général commandant en chef,

OUDINOT DE REGGIO.

N° 15.

M. de Lesseps au triumvirat.

Rome, le 22 mai 1849.

MESSIEURS,

D'après la déclaration que j'avais remise avant-hier à MM. les commissaires de l'Assemblée constituante romaine, je devais regarder comme une rupture de la négociation, la lettre que vous m'avez fait l'honneur de m'adresser au moment où expirait le terme qui avait été fixé. Puisque MM. les commissaires avaient déclaré n'être pas suffisamment autorisés par l'Assemblée pour conclure un arrangement, je n'ai pas eu à les accompagner au quartier général de l'armée française. Je me rendis donc seul auprès de M. le général en chef Oudinot de Reggio. Une déclaration de rupture de négociations fut signée par nous deux. Vous en trouverez ci-joint un exemplaire.

J'avais attendu pour vous faire la remise de ce document et le faire connaître à mes compatriotes, que la promesse contenue dans le dernier paragraphe de votre note du 19 s'exécutât. Ce paragraphe s'exprime ainsi : « Par ces raisons et par bien d'autres encore, l'Assemblée a dû, bien qu'à regret, juger le projet inadmissible. Nous aurons, l'honneur, monsieur, de vous transmettre demain, d'après son intention avouée, une proposition bien au-dessous de ses légitimes espérances, mais qui aurait au moins l'avantage d'éloigner tout danger de collision entre deux Républiques basées sur les mêmes droits et liées par les mêmes espérances. »

Aujourd'hui, 22 mai, je n'ai pas encore reçu la contre-proposition annoncée. Vous n'avez donc pas rempli l'engagement formel que vous aviez pris par le paragraphe précédent, j'en prends acte au nom de la France. Nous croyons donc avoir épuisé tous les moyens de conciliation qu'exigeaient de nous les sympathies naturelles des populations romaines pour la France. La responsabilité des malheurs qu'amènerait une guerre fratricide ne retombera pas sur nous. Il nous reste maintenant à aviser. Le général en chef et l'envoyé de la République française ne failliront pas aux devoirs qui leur sont imposés. Ils auront soin de notifier, *huit jours à l'avance, la cessation,* on ne peut pas dire de l'armistice, puisque les Français n'ont pas été et ne seront jamais volontairement les ennemis des Romains; mais de l'état de rupture imminente qui existait au moment où j'ai été assez heureux pour faire suspendre les hostilités.

Je crois devoir vous informer qu'il s'est passé hier à l'ambassade de France une scène dont la responsabilité me paraît devoir retomber sur l'insuffisance des mesures prises par les autorités chargées de maintenir l'ordre à Rome. J'avais envoyé à l'ambassade le premier secrétaire de ma mission avec une communication de ma part. Au moment où les Français étaient tranquillement réunis, un groupe d'étrangers voulut envahir la salle, il fut promptement expulsé; mais il attendit à la porte, dans le voisinage d'un poste militaire romain, la fin de la séance. Il ne fut inquiété par aucun agent de la force publique, malgré ses vociférations indécentes et ses gestes provocateurs. Lorsque la voiture dans laquelle se trouvait mon délégué sortit de l'hôtel, les insultes recommencèrent, et l'on tenta même d'arrêter les chevaux. Je mépriserais pour mon compte de pareils actes sauvages s'il ne s'agissait que de moi; mais les Français pacifiques en sont alarmés. Je viens donc exiger de vous une réparation et des garanties pour l'avenir.

Veuillez agréer, etc.

FERD. DE LESSEPS.

N° 16.

Déclaration du général Oudinot et de M. de Lesseps, accompagnant la lettre ci-dessus.

Le 20 mai 1849.

NOUS SOUSSIGNÉS,

Oudinot de Reggio, général de division, commandant en chef le corps expéditionnaire français de la Méditerranée,

Et Ferdinand de Lesseps, envoyé extraordinaire et ministre plénipotentiaire de la République française, en mission à Rome;

Vu la déclaration faite, le 19 mai 1849, à deux heures de relevée, à MM. les commissaires de l'Assemblée constituante romaine,

Vu le projet de convention contenant les dernières modifications admissibles accordées à la demande desdits commissaires romains, lequel projet devait être accepté ou rejeté à la fin de la même journée;

Attendu qu'une lettre adressée, au dernier moment du délai fixé, annonce que l'Assemblée romaine n'a pas cru devoir donner son adhésion aux propositions;

Déclarons que les négociations sont rompues et qu'il ne reste plus aux soussignés qu'à veiller à la sûreté et aux intérêts de leurs nationaux résidant à Rome.

En foi de quoi la présente déclaration a été signée au quartier général du corps expéditionnaire de l'armée française de la Méditerranée; des copies en seront transmises à l'Assemblée constituante romaine et aux triumvirs ainsi qu'à MM. les représentants des puissances étrangères, afin qu'ils puissent, s'ils le désirent, faire jouir leurs compatriotes des mêmes avantages qui sont réservés aux Français.

Le général Oudinot de Reggio,
Ferd. de Lesseps.

N° 17.

Réponse du triumvirat à M. de Lesseps.

Rome, le 22 mai.

Monsieur,

Nous venons de recevoir en même temps la déclaration de rupture de négociation, signée le 20 mai, par vous et par le général en chef du corps expéditionnaire de l'armée française, et votre lettre de ce jour 22.

Il est vrai que nous exprimions dans notre note du 19, l'intention de vous présenter le 20 une contre-proposition, et que cette contre-proposition n'a pas été formellement et officiellement transmise. *Mais il est vrai aussi que de nouvelles bases de négociations furent pendant ces deux jours l'objet de communications verbales.* Ces communications, dont l'esprit était conforme à celui qui nous anime et qui portaient sur un terrain plus rapproché de celui du projet primitif que la note conçue par vous, nous induisirent à ajourner la communication officielle à laquelle nous nous étions engagés. Nous avons toujours pensé qu'entre peuples frères, entre la France et nous, on devait moins tenir à la précision ponctuelle des formes diplomatiques qu'à la substance des choses.

C'est par suite de cette croyance, que votre dernière communication n'a pas affaiblie, que nous aurons l'honneur de vous présenter bientôt la note en question. Vous en ferez, monsieur, nous n'en doutons pas, l'usage que l'esprit de conciliation inhérent à vos premières communications pourra vous suggérer.

Nous regrettons beaucoup que quelques désordres aient eu lieu hier à l'ambassade de France; mais il serait injuste de vouloir en faire retomber la responsabilité sur nous. Nous avons acquis, monsieur, la certitude que pas un seul Italien n'était présent à la chancellerie française, lorsque le désordre eut lieu; et l'hésitation du poste se trouve expliquée, sinon justifiée, par la croyance où l'on était que le groupe de vociférateurs se composait exclusivement de Français. Ces désordres au reste ne se reproduiront plus. Et en acceptant l'expression de nos regrets vous pouvez compter, monsieur, sur l'activité que le gouvernement apportera au maintien de l'ordre pour l'avenir.

Agréez, monsieur, etc.

Les Triumvirs,

ARMELLINI, MAZZINI, SAFFI.

N° 18.

M. le général Oudinot à M. de Lesseps.

Villa Santucci, le 21 mai 1849 (trois heures).

Je vous remercie des nouveaux témoignages de votre confiance. Je dois y répondre par une franchise sans réserve.

Je vois avec peine que votre devouement n'est point payé d'un juste retour à Rome. Aucune des promesses qu'on vous avait faites ne se réalise. On oppose sans cesse des subterfuges, des faux-fuyants à votre persévérante loyauté. Toutes ces lenteurs ont, en définitive, pour résultat d'accroître l'orgueil de nos adversaires. Elles auraient, en se prolongeant, une funeste influence sur l'esprit des soldats. Il nous faut la paix ou la guerre. Si on veut sincèrement la paix, entrons dans Rome. La discipline de l'armée et la générosité de notre Gouvernement sont les plus puissantes garanties d'ordre et de liberté que puissent désirer les Romains.

Veut-on faire un nouvel appel aux armes? La science militaire et la valeur française triompheront promptement, soyez-en certain, de tous les obstacles.

C'est donc, à mon avis, une réponse nette et précise que nous devons en ce moment réclamer. Personne mieux que vous, monsieur, ne saurait l'obtenir. Qui pourrait en effet vous résister? votre langage s'appuie sur l'alliance de la raison et de la force.

Général OUDINOT DE REGGIO.

———

N° 19.

M. le général Oudinot à M. de Lesseps.

Villa Santucci, 23.

Vous êtes, monsieur, très-séduisant, personne ne le sait mieux que moi. Le général Vaillant a, lui aussi, été sous le charme en vous écoutant. Mais à la réflexion il reste *très-convaincu* que le *statu quo* auquel nous nous condamnons, est funeste et porte la plus grave atteinte à la dignité et aux intérêts de la France, non moins qu'à l'honneur militaire. Les autres officiers généraux que j'ai vus ce matin, m'ont fait spontanément la même déclaration.

Nous vous supplions de ne pas enchaîner plus longtemps notre liberté d'action. Je vous le demande en particulier très instamment; c'est le seul moyen de négocier ensuite avec avantage.

On m'annonce qu'un détachement considérable s'est présenté à six heures de Cornetto. Je n'attache à cette nouvelle qu'une créance très-réservée; mais si les Autrichiens ne marchent pas encore sur Rome, ils peuvent le faire d'un instant à l'autre. Pour leur interdire l'entrée de cette place, il faut en être maître.

Ma confiance en vous est grande, vous le savez; toutefois je ne dois pas vous dissimuler que *personne*, absolument personne ne s'associe à vos espérances; on les prend pour des illusions.

En résumé, déclarez aux triumvirs que, puisqu'ils n'ont

point adopté les bases de votre proposition; la suspension des hostilités est rompue.

Voilà ce que dans votre intérêt, dans l'intérêt de l'armée, dans l'intérêt de la France, nous vous prions de faire sans plus de retards.

Le général Vaillant craint de ne vous l'avoir pas dit assez; mais en ce moment, je suis son interprète et celui de tous mes compagnons d'armes.

Votre tout dévoué,

Général OUDINOT.

* * *

N° 20.

M. le général Oudinot à M. de Lesseps.

Quartier général de la Villa Santucci, 23 mai.

MONSIEUR LE MINISTRE PLÉNIPOTENTIAIRE,

Dans l'espoir que vous aviez de voir Rome appréciant les intentions de notre gouvernement, ouvrir ses portes à l'armée française, vous m'avez, dès le 17 de ce mois, invité à faire suspendre les hostilités.

Bien que cette disposition contrariât les opérations militaires commencées, et voulant d'ailleurs m'associer à votre pensée, j'ai arrêté les mouvements qu'il m'importait essentiellement de terminer.

Depuis cinq jours la situation semble n'avoir fait aucun progrès. Au point de vue militaire, le *statu quo* ne pourrait se prolonger sans de graves inconvénients. En cet état de choses, il vous paraîtra sans doute, comme à moi, indispensable de réclamer du gouvernement de Rome une réponse prompte et définitive aux propositions dont vous avez posé les bases, dans l'intérêt des populations romaines.

Si l'on ne vous donne pas la satisfaction que vous avez le droit d'attendre, vous jugerez sans doute aussi, comme moi, que le moment est venu de rendre à l'armée toute sa liberté d'action.

Recevez, je vous prie, etc.

Le général commandant en chef,
OUDINOT DE REGGIO.

La réponse de M. de Lesseps aux trois lettres ci-dessus n'est pas reproduite à la suite, parce qu'elle est déjà rapportée dans le mémoire à la date du 23 mai. (Voir page 36.)

N° 21.

M. de Wolodkowich à M. de Lesseps.

Rome, 22 mai.

MONSIEUR LE MINISTRE,

Certains journaux de Paris, ainsi que de l'étranger, ont accrédité le bruit, dans un but évidemment hostile à la cause polonaise, qu'il s'est trouvé une foule de Polonais pour combattre l'armée française, le 30 avril dernier.

Me trouvant à Rome, pour des motifs de santé, étranger à tous les événements politiques qui ont eu lieu dans cette capitale, émigré polonais depuis 1831, domicilié à Paris, voué de cœur et de sentiments au pays que je considère comme une seconde patrie, il est de mon devoir, monsieur le ministre, de protester hautement, au nom de l'émigration polonaise, contre cette indigne calomnie.

Voici le fait. Le chiffre des officiers polonais, admis au service de la République romaine, se réduit à cinq ou six individus. Je prendrai la liberté, monsieur le ministre, de vous faire observer que ces officiers ont été engagés depuis plusieurs mois, à une époque où il n'y avait aucune probabilité de guerre, entre la France et les États romains, et qu'au moment où cette malheureuse lutte éclata, l'honneur militaire ne permettait pas à ces mêmes officiers de quitter l'uniforme et d'abandonner ainsi leurs camarades, à l'heure du danger.

D'autres officiers Polonais, parmi lesquels je citerai l'honorable général Rybinski, arrivèrent à Rome, quelques jours avant le 30 avril, et refusèrent les positions qui leur furent offertes dans l'armée, ayant été déjà informés de l'arrivée de l'expédition française à Civita-Vecchia, pour ne pas avoir la douleur de porter les armes contre la France.

Il se trouve encore au service de la République romaine un

cadre d'une légion polonaise, composé de **200** jeunes gens, pour la plupart appartenant à la nouvelle émigration, qui n'a jamais été en France. Ce petit corps était précédemment au service de la Toscane. Depuis les événements qui rétablirent l'autorité du Grand Duc dans ce pays, il se réfugia à Bologne et s'y trouva tout entier, le 30 avril. Tous les Polonais de ce corps exprimèrent à leurs chefs, le désir de ne jamais être employés contre l'armée française, si, à Dieu ne plaise, les hostilités devaient être reprises.

Voici, monsieur le ministre, l'exacte vérité sur la part des Polonais, dans les affaires de Rome. J'ose espérer de votre justice et de votre impartialité si bien connues et appréciées par tout le monde, que vous aurez la bonté d'en informer le gouvernement de la République française, afin de détruire toute espèce de doute, s'il pouvait en exister, sur les sentiments de profonde sympathie et de fraternité qui animeront toujours les Polonais de toutes les opinions pour la France, pour sa brave armée et enfin pour tout ce qui est Français.

Depuis un an, monsieur le ministre, on a vu des Polonais combattre sur toutes les barricades de l'Europe, comme à Berlin, à Vienne, à Francfort, partout enfin où il y a eu lutte établie entre le principe libéral et le principe contraire. Ils ont versé leur sang en Piémont et en Lombardie, comme ils le versent encore dans les plaines de la Hongrie. Ils ne le font certainement pas comme des aventuriers, ou des condottieri de la révolution, mais dans la conviction intime que la liberté du monde rétablira tôt ou tard l'existence de leur propre patrie que l'Europe monarchique laissa mourir sans la défendre, en vue même de sa conservation, contre la Russie.

Mais si d'un côté nous avouons hautement notre participation au mouvement libéral de l'Europe, veuillez aussi me permettre, monsieur le ministre, de constater un fait, qui n'est plus douteux pour personne, que les Ponais n'ont jamais pris aucune part dans les luttes intérieures de la France. Ni le 15 mai où l'on avait pris le nom de la Pologne comme prétexte, ni dans les tristes journées de juin, pas même en février, où succomba la monarchie de 1830, la présence d'aucun Polonais ne fut constatée par personne. C'est une justice que l'opinion publique en France nous rendra.

Je profite de cette circonstance, Monsieur le ministre, pour vous prier d'agréer les sentiments de la haute considération avec laquelle j'ai l'honneur, etc.

ALEX. DE WOLODKOWICH.

N° 22.

Le chapitre et le clergé de Saint-Jean de Latran à M. de Lesseps.

Rome, 22 mai.

MONSIEUR LE MINISTRE,

Le chapitre et le clergé de Latran éprouvent la plus grande satisfaction en voyant avec quel soin vous voulez bien protéger la première basilique du monde et la préserver dans les circonstances actuelles de tout désastre. Votre appui si prompt, si énergique est une nouvelle preuve de la dévotion que nourrit la France religieuse pour l'archi-basilique de Latran, et fait naître les espérances les plus fondées de voir continuer cette protection signalée que la nation française lui a toujours accordée avec tant de piété.

Certainement le monde entier applaudira à un tel zèle envers un grand monument qui a les sympathies de tous et qui a été le sanctuaire de tant d'institutions utiles à la religion et à la civilisation.

Permettez, Monsieur le ministre, que le clergé de Latran vous adresse les plus solennels remercîments; il espère que vous voudrez bien accueillir l'expression de sa reconnaissance.

Le clergé est persuadé qu'avec une aussi haute protection, on arrêtera tous les actes de dévastation dont l'église avait eu à souffrir jusqu'à présent, car autrement ce serait attaquer l'honneur de la représentation nationale de la France.

Les soussignés ont l'honneur, etc.

CAMILLE PERGOLI-CAMPANELLI, chanoine.
JANAULT, chanoine.

Elle présentait en outre des observations sur la question catholique dans
laquelle se trouvaient mêlés des intérêts étrangers et des influences locales.

N° 23.

*Extrait d'un avis adressé aux Français résidant à Rome, au
moment où M. de Lesseps se rendait (le 24 mai) au quartier
général français.*

Quartier général de l'armée française devant Rome, le 24 mai.

Pendant ma courte absence, le pavillon français continuera
de flotter sur mon hôtel ainsi que sur tous les établissements
publics français et même, si vous le désirez , à la fenêtre de
chacune de vos habitations. Adressez-vous à M. de Gérando
pour toutes les réclamations que vous aurez à me faire passer. Je
l'autorise à assister d'une manière efficace tous ceux d'entre
vous qui n'auraient pas de moyens d'existence. Soyez prudents et réservés avec tout le monde. Confiez-vous à ma
vigilance qui ne perd pas un moment de vue vos intérêts et ceux
du pays.

L'envoyé extraordinaire et ministre plénipotentiaire
de la République française en mission à Rome,

Ferd de Lesseps.

N° 24.

Message envoyé par M. de Lesseps, le 24 mai, du quartier général français à l'Assemblée constituante romaine.

MONSIEUR LE PRÉSIDENT,

Je vous ai fait connaître ce matin, par un premier message, les motifs de mon absence momentanée de Rome. Ici vous pourrez correspondre facilement avec moi si vous jugez à propos de m'envoyer des dépêches et de me demander des explications; il y aura moins de temps perdu, car, me trouvant continuellement auprès de l'honorable général Oudinot, nous communiquerons sans intermédiaire et sans délai, et nous pourrons plus promptement prendre une décision.

Je commence aujourd'hui par vous donner spontanément une explication sur l'art. 2 du projet d'arrangement que j'avais commencé à discuter avec les trois commissaires de l'Assemblée, MM. Sturbinetti, Audinot et Agostini. Nous disions que les Romains ont le droit de se prononcer librement sur la forme de leur gouvernement. Quelques personnes ont prétendu que cet article n'était pas assez explicite, que nous nous réservions le droit de vous imposer par la force un gouvernement quelconque, et que notre but était de faire remettre le passé dans toute sa vigueur. Je comprends qu'avec un peuple qui a une imagination aussi brillante que le peuple de Rome, il est difficile dans un moment de surexcitation, de le faire revenir à ses sentiments naturels de sympathie égarés un moment par un malheureux malentendu, sans le ramener à la vérité par des faits et non par une simple assertion. Aussi, je crois utile de vous dire à l'occasion de l'art. 2, que si nous n'avons pas parlé du Saint-Père, c'est que nous n'avons pas pour mission d'agiter dans ce moment cette question. En déclarant dans l'art. 3 que nous ne voulons pas nous mêler de l'administration du pays, nous avons la ferme intention de ne pas contester aux populations romaines la libre discussion et la libre décision de tous les intérêts qui se rattachent au gouvernement de leur pays.

En un mot, notre but n'a pas été de vous faire la guerre, mais de vous préserver des dangers de toute nature qui pourraient vous menacer. Vous conserverez vos lois, votre liberté.

Il est encore faux que nous ayons jamais eu la pensée d'inquiéter chez vous les étrangers et même les Français qui ont combattu contre nous. Nous les considérons tous comme des soldats à votre service; et, s'il y en avait de cette catégorie qui ne respectassent pas vos lois, c'est à vous de les punir puisque nous n'avons jamais songé à détruire par nos armes votre gouvernement.

Cette lettre vous sera remise par mon secrétaire particulier. Je n'ai pas besoin de vous recommander de veiller à sa sûreté pendant son séjour à Rome, ainsi qu'à son retour, en le faisant accompagner par un des deux dragons romains qui sont mis à ma disposition.

M. le général Oudinot m'a chargé de vous dire que les sentiments que je vous exprime sont entièrement conformes aux siens. Il est également d'accord avec moi pour ajouter dans notre projet d'arrangement le paragraphe suivant que je vous ai fait connaître :

« La République française garantit contre toute invasion étrangère les territoires des États romains occupés par ses troupes. »

Veuillez agréer, Messieurs, etc.

L'envoyé extraordinaire et ministre plénipotentiaire de la République française en mission à Rome.

FERD. DE LESSEPS.

N° 25.

M. de Lesseps à M. le ministre des affaires étrangères.

Quartier général de Villa-Santucci, devant Rome, le 26 mai.

MONSIEUR LE MINISTRE,

Peu d'heures après le départ de ma dépêche d'hier, j'ai reçu du Triumvirat une note qui me demande, au nom de l'Assemblée constituante, certaines déclarations ou des éclaircissements préalables qui puissent démontrer aux yeux de la population romaine que nous ne voulons pas lui imposer notre amitié et notre protection en commençant par lui tirer des coups de canon, et lui renverser, en cas de résistance, ses murailles et ses monuments. Ceci constitue l'esprit du document dont je ne puis pas vous envoyer dans ce moment la copie à cause de son étendue. Je vais y répondre. Mes deux lettres d'hier matin envoyées à l'Assemblée nationale ont porté leur fruit et l'opinion publique commence à se prononcer fortement en faveur de l'arrangement que j'avais proposé. Seulement il faut que de notre côté, nous ne blessions pas l'amour-propre des Romains en parlant de siége, de coups de canon et en témoignant un trop grand empressement pour faire faire à notre armée l'entrée à Rome qu'elle désire, suivant moi, avec trop d'impatience. Ce côté de la question est aujourd'hui ma plus grande difficulté, elle m'occupe constamment ; je vous prie de vouloir bien vous concerter avec M. le ministre de la guerre, afin que, dans le cas d'un retard imprévu dans la réussite des négociations, notre armée ne soit pas exposée à compromettre, par une impatience, très-légitime du reste de sa part, le grand but que nous nous proposons. Le seul inconvénient qu'il y aurait (et il est grave) à conserver pendant plus de quinze jours encore nos positions actuelles serait l'approche de la saison des fièvres. J'ai bien l'espoir que nous pourrons terminer avant de nous trouver placés dans l'alternative que, pour mon compte, je ne crois pas obligatoire, d'attaquer ou de faire décimer notre armée par les maladies. Cependant, comme il faut tout prévoir, je vous soumets la question suivante que je vous serai obligé de faire résoudre sans perte de temps par le Gouvernement de la République :

« L'armée française, campée dans la partie N.-O. de la ville, c'est-à-dire dans celle où les émanations sont les plus dangereuses en été, se trouvera-t-elle *forcément* dans l'obligation de rester en place ou d'attaquer Rome et d'être amenée par conséquent à la foudroyer pour lui donner une preuve bien patente de notre amitié pour elle et de notre volonté de la protéger ? » Je ne le pense pas, car il y aurait sans doute un terme moyen qui permettrait d'attendre et qui consisterait à changer le campement de nos troupes, à en placer, par exemple, la plus grande partie à Albano ou à Frascati, lieux toujours fort sains ainsi que leurs environs. Ce changement de front n'impliquerait de notre part aucune idée de reculade, puisque nous nous trouverions toujours à portée d'entrer à Rome quand nous y serions appelés par le vœu bien exprimé de la population, vœu qui sera d'autant plus général et empressé que nous témoignerons moins d'impatience et que nous respecterons la juste susceptibilité des habitants d'une ville qui ne veulent pas être embrassés par force. D'ailleurs cette susceptibilité disparaît de jour en jour ; le général Oudinot et moi, nous ne négligeons rien de ce qui peut contribuer à faire réussir la conciliation. Seulement, il est important qu'il reçoive le plus promptement possible de nouvelles instructions, car lui et les officiers généraux placés sous ses ordres, sont encore sous l'impression de celles qui se rapportaient uniquement à l'entrée pacifique ou violente de nos troupes à Civita-Vecchia. On comprend qu'au début de l'expédition il fût nécessaire d'occuper de gré ou de force, dans l'intérêt bien entendu des populations romaines, un point qui devait servir de base à toutes nos opérations ; mais une fois établis là, il était et il doit être convenu que toutes nos démarches doivent tendre à rassurer le reste des États romains et particulièrement les habitants de Rome.

Que le Gouvernement décide sans retard et ne me laisse pas plus longtemps entre l'enclume et le marteau.

Veuillez agréer, Monsieur le ministre, etc.

FERD. DE LESSEPS.

P. S.—Une députation romaine est arrivée hier soir au camp du général en chef et lui a offert au nom du Triumvirat une provision de cinquante mille cigares et de deux cents livres de tabac pour l'armée française. Cette députation a été parfaitement reçue. Le général Oudinot a dit d'excellentes paroles ; j'en ai ajouté de mon côté quelques-unes qui avaient surtout pour but, d'après une observation d'un des députés, de faire comprendre que les intentions de notre Gouvernement étaient absolument conformes à nos déclarations, et qu'il n'a jamais eu l'arrière-pensée de violenter dans l'avenir les populations romaines.

N° 26.

M. de Lesseps à M. le Ministre des affaires étrangères.

Quartier général de Villa-Santucci, 29 mai.

MONSIEUR LE MINISTRE,

J'ai l'honneur de vous transmettre, sous les n°s 1 et 2[1], les dernières communications qui ont eu lieu entre les autorités romaines et moi. L'importance de ces documents disparaît d'ailleurs devant la déclaration[2] que je vais envoyer aujourd'hui à Rome, et qui, après m'être concerté avec le général Oudinot, nous a paru nécessaire, non-seulement à cause de la marche des Autrichiens, mais aussi pour donner au parti de la conciliation une occasion décisive de faire triompher son opinion dans l'Assemblée constituante.

M. de Rayneval est venu avant hier au quartier général; j'ai eu avec lui une très-longue conférence, à la suite de laquelle il a été convenu que nous nous passerions réciproquement une note. Je vous prie de vouloir bien parcourir cette correspondance (n° 29) dans laquelle chacun de nous a développé avec conviction les principes qui l'avaient dirigé. Je crois que tous les côtés de la grande question qui nous occupe y ont été traités; elle me dispense d'ajouter aujourd'hui à ma dépêche d'autres détails.

Veuillez agréer, etc.

FERD. DE LESSEPS.

N° 27.

Le Triumvirat à M. de Lesseps.

Rome, 25 mai.

MONSIEUR,

Nous avons eu l'honneur de vous fournir dans notre note du 16, quelques renseignements sur l'accord unanime qui a présidé à l'instauration du gouvernement de la République romaine. Il nous faut aujourd'hui vous parler de la question

[1] Voir les notes 27 et 28.
[2] Voir page 45.

actuelle telle qu'elle est posée, de fait, si non de droit, entre le gouvernement français et le nôtre. Vous nous permettrez de le faire avec toute la franchise que réclament l'urgence de la situation et les sympathies internationales qui doivent dominer tous rapports entre la France et l'Italie.

Notre diplomatie, c'est la vérité ; et le caractère donné à votre mission, Monsieur, nous est une garantie, que la meilleure interprétation possible, sera toujours donnée à tout ce que nous aurons l'honneur de vous dire.

Permettez-nous, Monsieur, de remonter un instant à la source de la situation actuelle.

A la suite de conférences et d'arrangements qui eurent lieu, sans que le gouvernement de la République romaine fût appelé à y intervenir, il fut, il y a quelque temps, décidé par les puissances catholiques européennes, 1° qu'une modification politique aurait lieu dans le gouvernement et dans les institutions de l'État romain ; 2° que cette modification aurait pour base le retour de Pie IX, non comme Pape, ce qui ne rencontrerait pas d'obstacle chez nous, mais comme prince et souverain temporel ; 3° que si, pour atteindre ce but, une intervention combinée était jugée nécessaire, l'intervention aurait lieu.

Nous voulons bien admettre, que tandis que pour quelques-uns des gouvernements contractants, le seul et unique mobile était un rêve de restauration générale et un retour absolu aux traités de 1815, le gouvernement français ne fut entraîné dans cet accord que par suite d'informations erronées tendant systématiquement à lui peindre l'État romain comme livré à l'anarchie, et dominé par la terreur exercée au nom d'une audacieuse minorité.

Nous savons de plus que dans la modification proposée, le gouvernement français se proposait de représenter une influence plus ou moins libérale, opposée au programme absolutiste de l'Autriche et de Naples. Il n'en est pas moins vrai que sous la forme despotique ou constitutionnelle, sans ou avec des garanties libérales aux populations romaines, la pensée dominante, dans toutes les négociations auxquelles nous faisons allusion, a été un retour quelconque vers le passé, une transaction entre le peuple romain et Pie IX considéré comme souverain temporel. Nous ne pouvons pas nous dissimuler, Monsieur, que ce fut sous l'inspiration de cette pensée que fut conçue et exécutée l'expédition française. Elle a eu pour but, d'un côté, de jeter l'épée de la France dans la balance des négociations qui devaient s'ouvrir à Rome, de garantir, de l'autre, la population romaine de tout excès rétrograde, en y posant, toutefois, pour condition, la reconstitution d'une monarchie constitutionnelle en faveur du Saint-Père. Ce but, Monsieur, résulte pour nous, à part les informations précises que nous croyons posséder sur le concert antérieur, des proclamations du général Oudinot, des déclarations formelles des envoyés successifs au Triumvirat, du silence obstinément gardé toutes les fois que nous avons cherché à aborder les questions politiques et à obtenir une déclaration formelle du fait constaté dans notre note du 16, que les institutions par lesquelles se régit, en ce moment, le peuple romain, sont l'expression libre et spontanée du vœu inviolable des populations, légalement interrogées. Le vote, au reste, de l'Assemblée française, vient lui-même implicitement à l'appui du fait que nous affirmons.

En face d'une pareille situation, et sous la menace d'une transaction inadmissible et de négociations que l'état de nos populations ne provoque nullement, notre rôle, Monsieur. n'était pas douteux : résister, nous le devions à notre pays, à la France et à l'Europe entière. Nous devions, pour remplir un mandat loyalement donné et loyalement accepté, maintenir à notre pays l'inviolabilité, autant que cela nous était possible. de son territoire et de ses institutions, unanimement acclamée par tous les pouvoirs, par tous les éléments de l'État.

Nous devions conquérir le temps nécessaire pour en appeler de la France mal informée à la France mieux informée, pour éviter à la République sœur la tache qui lui serait échue, si, précipitamment entraînée par des suggestions étrangères, elle était presque, à son insu, complice d'une violence à laquelle nous ne saurions trouver l'égale, si ce n'est en remontant à 1772. au premier partage de la Pologne.

Nous devions à l'Europe de maintenir, autant qu'il était en nous, le principe fondamental de toute vie internationale, l'indépendance de chaque peuple en tout ce qui concerne son administration intérieure. Nous le disons avec orgueil, car si c'est avec enthousiasme que nous résistons aux tentatives de la monarchie napolitaine et à notre éternelle ennemie l'Autriche, ce n'est qu'avec une profonde douleur que nous nous voyons contraints de résister aux armes françaises ; nous croyons avoir bien mérité en suivant cette ligne de conduite, non-seulement de votre part, mais des peuples européens.

Vous connaissez, Monsieur, les événements qui se sont produits depuis l'intervention française. Notre territoire a été envahi par le roi de Naples, quatre mille soldats espagnols ont dû s'embarquer le 17 pour nos côtes, dans un but d'invasion. Les Autrichiens, après avoir surmonté la résistance héroïque de Bologne, se sont avancés sur la Romagne et sont aujourd'hui en pleine marche sur Ancône. Nous avons battu et repoussé hors de notre territoire les forces du roi de Naples. Nous en ferions de même, c'est notre foi, des forces autrichiennes, si l'attitude du corps expéditionnaire français n'entravait pas notre activité.

C'est à regret que nous disons cela ; mais il faut enfin, Monsieur, que la France sache ce que l'expédition de Civita-Vecchia, conçue, disait-on, dans un but de protection, nous coûte.

Il est douloureux d'avoir à affirmer des choses pareilles ; mais nous affirmons, Monsieur, que de toutes les interventions dont on cherche à nous accabler, l'intervention française est celle qui nous a été le plus fatale. Contre les soldats du roi de Naples et les Autrichiens, nous pouvons nous battre, et Dieu protége les bonnes causes. Nous ne *voulons* pas nous battre contre les Français. Nous sommes envers eux en état, non de guerre, mais de simple défense. Mais cette position, la seule que nous voulions avoir partout où nous rencontrons la France, a pour nous tous les inconvénients, sans aucune des chances favorables de la guerre.

L'expédition française, Monsieur, nous a dès l'abord forcés d'opérer un mouvement de concentration de nos troupes qui a laissé notre frontière ouverte à l'invasion autrichienne, et Bologne et les villes de la Romagne désarmées. Les Autrichiens en ont profité. Après huit jours d'une lutte héroïque soutenue par la population, Bologne a dû succomber.

Nous avions acheté en France des armes pour nous défendre ; ces armes, au nombre de 10,000 fusils au moins, entre Civita-Vecchia et Marseille, ont été séquestrées ; elles sont en vos mains. D'un seul coup, vous nous avez enlevé 10,000 soldats, car tout homme armé est un soldat contre les Autrichiens.

Vos forces sont sous nos murs, à une portée de fusil, disposées comme pour un siége. Elles y restent sans but, sans programme avoué. Elles nous ont forcé d'entretenir la ville en un état de défense qui obère nos finances. Elles nous forcent d'y garder un chiffre proportionné de nos troupes qui pourraient sauver nos villes de l'occupation et des dévastations autrichiennes. Elles entravent notre circulation, nos approvisionnements, nos courriers. Elles tiennent les esprits dans un état de surexcitation qui pourrait, si notre population était moins bonne et moins dévouée, entraîner des conséquences nuisibles. Elles n'engendrent pas l'anarchie ni la réaction, car l'une et l'autre ne sont pas possibles à Rome : elles sèment l'irritation contre la France, et c'est un malheur assez grave pour nous, qui étions habitués à l'aimer et à espérer en elle.

Nous sommes assiégés, Monsieur, assiégés par la France, au nom d'une mission de protection, tandis que, à quelques lieues de nous, le roi de Naples emporte en fuyant nos otages et les Autrichiens égorgent nos frères.

Vous avez, Monsieur, présenté des propositions. Ces propositions ont été déclarées inadmissibles par l'Assemblée, et nous n'avons plus à nous en occuper aujourd'hui ; vous en ajoutez une aux trois qui ont été rejetées. Cette proposition nous dit que la France protégera de tout envahissement étranger toutes les parties du territoire romain occupées par ses troupes. Vous devez sentir vous-même, Monsieur, qu'il n'y a rien là qui change notre position. Les parties du territoire occupées par vos troupes sont, de fait, protégées ; mais si c'est pour le présent, à quoi se réduisent-elles ? Si c'est pour l'avenir, n'avons-nous pas d'autres voies ouvertes à la protection de notre territoire qu'en vous le livrant tout en entier ?

Le nœud de la question n'est pas là : il est dans l'occupation de Rome. Cette demande forme jusqu'ici la condition première de toutes les propositions présentées.

Or, nous avons eu l'honneur de vous le dire, Monsieur, cela est impossible ; jamais le peuple n'y consentira. Si l'occupation de Rome n'a pour but que de la protéger, le peuple vous exprimera sa reconnaissance ; mais il vous dira que, capable de protéger Rome par ses propres forces, il croirait se déshonorer à vos yeux en faisant acte d'impuissance, en déclarant qu'il lui faut, pour se défendre, quelques régiments de soldats français. Si l'occupation a pour but, ce qu'à Dieu ne plaise, une pensée politique, le peuple, qui s'est donné librement des institutions, ne peut pas se résoudre à la subir. Rome est sa capitale, son palladium, sa ville sacrée. Il sait fort bien qu'à part ses principes, à part son honneur même, il y a, au bout de toute occupation de sa ville, la guerre civile. Il se méfie de toute insistance. Il prévoit, une fois les troupes admises, des changements dans les hommes et dans les institutions, qui seraient funestes à sa liberté.

Il sait qu'en présence de baïonnettes étrangères, l'indépendance de son Assemblée, de son Gouvernement, ne serait plus qu'un vain mot. Il a sans cesse Civita-Vecchia devant les yeux.

Sur ce point-là, Monsieur, croyez-le bien, sa volonté est irrévocable. Il se fera massacrer, de barricade en barricade, plutôt que de se soumettre. Les soldats de la France veulent-ils, peuvent-ils massacrer un peuple de frères, qu'ils viennent protéger, parce qu'il n'entend pas leur livrer sa capitale ?

Il n'y a pour la France que trois rôles à jouer dans les États romains.

La France doit se déclarer pour nous, contre nous, ou neutre.

Se déclarer pour nous, c'est reconnaître formellement notre République et combattre côte à côte, avec nos troupes, les Autrichiens.

Se déclarer contre nous, c'est écraser sans motif la liberté, la vie nationale d'un peuple d'amis, et combattre côte à côte avec les Autrichiens.

La France ne *peut* pas faire cela. Elle ne *veut* pas risquer une guerre européenne pour nous défendre comme alliée. Qu'elle reste donc neutre dans la contestation qui se vide entre nous et nos ennemis. Hier encore, nous espérions plus d'elle. Aujourd'hui nous ne lui demandons que cela.

L'occupation de Civita-Vecchia est un fait accompli : soit. La France croit que, dans l'état actuel des choses, il ne lui sied pas de se tenir éloignée du champ de bataille. Elle pense que vainqueurs ou vaincus, nous pouvons avoir besoin de son action modératrice ou de sa protection. Nous ne pensons pas comme elle ; mais nous n'entendons pas réagir contre elle. Qu'elle garde Civita-Vecchia. Qu'elle étende même ses cantonnements, si le nombre de ses troupes vient à le réclamer, aux localités salubres qui se trouvent sur le rayon de Civita-Vecchia à Viterbe. Qu'elle attende là l'issue des combats qui vont se livrer. Toutes les facilités lui seront offertes ; tous les témoignages de franche et cordiale sympathie lui seront donnés ; ses officiers visiteront Rome ; ses soldats auront tous les soulagements possibles. Mais que sa neutralité soit sincère et sans arrière-pensée. Qu'elle le déclare en termes explicites. Qu'elle nous laisse libres de jeter toutes nos forces dans la mêlée. Qu'elle nous rende nos armes. Qu'elle ne ferme pas, avec ses croiseurs, nos ports aux hommes des autres parties de l'Italie qui veulent nous venir en aide. Qu'elle s'éloigne surtout de nos murs, et que jusqu'à l'apparence de l'hostilité cesse entre deux peuples qui, plus tard, nous n'en doutons pas, sont destinés à s'unir dans la même croyance internationale, comme ils le sont aujourd'hui dans une même forme de Gouvernement.

Agréez, Monsieur, etc.

Les triumvirs,
MAZZINI, ARMELLINI, SAFFI.

N° 28.

M. de Lesseps au Triumvirat.

Quartier général de l'armée française à la villa Santucci, 26 mai.

MESSIEURS,

J'ai reçu avec beaucoup de satisfaction la lettre que vous m'avez fait l'honneur de m'adresser hier ; les explications que j'ai déjà données aux trois commissaires de l'Assemblée cons-'tituante Romaine et les communications que j'ai cru devoir faire directement à l'Assemblée elle-même, répondent sans exception, à toutes les objections soulevées dans votre note, et lorsque vous voudrez sérieusement terminer les négocia-tions, en envoyant vos commissaires revêtus des autorisations nécessaires, il sera, suivant moi, très-facile de nous entendre complétement et de fixer les bases d'un arrangement définitif qui devra nécessairement contenter tout à fait les deux parties contractantes.

Cette déclaration à laquelle mon secrétaire particulier pourra ajouter quelques observations verbales, fera disparaître, j'en suis certain, les fâcheuses préventions qui ont pu exister jus-qu'à présent de part et d'autre. Pour mon compte, j'ai été, je suis et je serai toujours empressé à dégager la question des nuages qui s'étaient présentés devant moi; de même que de votre côté, je l'espère, mon langage détruira les derniers dou-tes qui peuvent encore arrêter le résultat que vous vous propo-sez. Un seul point paraît surtout vous préoccuper, c'est la pen-sée que nous voulons vous imposer par la force l'obligation de nous recevoir en amis. Amitié et violence s'excluent. Ainsi, il serait inconséquent de notre part de commencer par vous tirer des coups de canon, pour chercher à nous faire accepter comme vos protecteurs naturels. Une pareille contradiction n'entre ni dans mes intentions ni dans celles du gouvernement de la République française, de l'armée française et de son honorable chef. Ce que le général Oudinot a dit hier en ma présence à la députation Romaine, chargée de lui offrir en votre nom, pour ses soldats un cadeau de 50,000 cigares et de 200 livres de tabac, suffirait certainement pour lever les doutes qui pour-raient exister dans certains esprits portés encore à l'hésitation par de déplorables malentendus.

Mais du moment où nous commençons à nous entendre, une re-vue rétrospective devient inutile. Occupons-nous donc unique-ment du présent et de l'avenir. Vous nous trouverez, je le répète, complétement disposés, par nos paroles et par nos écrits, à vous donner les explications et les garanties que peut réclamer votre juste susceptibilité nationale. Ce ne seront jamais les

Français, connus par leur dévouement sans bornes à leur patrie, qui blâmeront les autres nations de défendre leur territoire contre leurs véritables ennemis, et qui pourraient vous obliger à faire chez vous le contraire de ce qu'ils feront toujours chez eux.

Veuillez agréer, Messieur, etc.

FERD. DE LESSEPS.

N° 29.

Note de M. de Rayneval à M. de Lesseps.

Quartier général sous Rome, 27 mai.

§ 1er. Vous avez bien voulu me mettre au courant, avec une confiance entière, de vos idées, de vos projets, de vos actes.

. . . .

Autant je dois vous remercier de la confiance que vous m'avez témoignée, autant je me crois obligé à vous rendre la pareille en vous faisant connaître ma pensée tout entière.

§ 2. Mon avis personnel importe fort peu ; mais le gouvernement de la République, en vous invitant formellement à concerter vos démarches avec les plénipotentiaires de la conférence de Gaëte, a eu évidemment en vue d'éviter d'avoir deux langages et deux attitudes.

Je constate ici que vous ne vous êtes nullement arrêté à cet inconvénient, à mes yeux fort grave, parce qu'il engage l'honneur et la loyauté du pays.

Note de M. de Lesseps, en réponse à M. de Rayneval.

Au Quartier général, 28 mai.

§ 1er. . . . .

M. de Rayneval, partant d'un point de vue différent du mien pour la conduite qu'il doit tenir de son côté, doit être conséquent à ses principes comme je l'ai été aux miens. Ses réserves font honneur à la perspicacité de son esprit éminemment politique et à la loyauté héréditaire de son caractère.

§ 2. Mes instructions me prescrivaient de me concerter avec MM. d'Harcourt et de Rayneval, *sur tout ce qui n'exigerait pas une solution absolument immédiate.* J'ai communiqué à M. d'Harcourt, toutes les fois qu'il est venu au quartier général, où je me suis empressé d'aller le rencontrer, malgré des occupations incessantes , non-seulement tout ce que je faisais, mais encore toutes les pensées qui dirigeaient mes actes. En même temps, j'envoyais à Gaëte, à M. de Rayneval, les duplicata

Note de M. de Rayneval à M. de Lesseps.

Note de M. de Lesseps, en réponse à M. de Rayneval.

de mes premières dépêches au gouvernement de la République, et j'allais continuer lorsque je l'ai vu arriver avec beaucoup de satisfaction au quartier général. Là, je ne lui ai rien, absolument rien caché; il a pénétré dans tous les puissants mobiles publics ou secrets qui ont dirigé ma conduite, et il a dû emporter la conviction que si nous devions nécessairement différer d'opinion, je tenais, autant que lui, à maintenir intacts l'honneur et la loyauté de notre pays.

Quant à consulter à l'avance MM. d'Harcourt et de Rayneval pour chacune de mes démarches qui, jour et nuit, heure par heure, minute par minute, réclamaient des décisions immédiates et variées, c'était impossible; le général Oudinot qui était plus directement engagé avec moi ne l'a même pas exigé.

§ 3. Je constate également que vous agissez, non-seulement sans vous préoccuper des antécédens, mais uniquement guidé par vos inspirations et sans aucune direction écrite du gouvernement.

§ 3. Les antécédents qui, *dans le principe,* ont dirigé la conduite de M. de Rayneval, devaient certainement être pris par moi en considération, mais ne pouvaient pas me servir de règle invariable, parce que, d'une part, le Saint-Père, qui reconnaîtra certainement plus tard la nécessité de se confier à nous, n'a jamais fait ce que nous lui conseillions; qu'il a suivi des avis entièrement opposés aux nôtres, que sa cour était de-

Note de M. de Rayneval
à M. de Lesseps.

Note de M. de Lesseps, en ré-
ponse à M. de Rayneval.

venue un véritable Coblentz, d'où
l'influence de la France avait été
écartée, et que, d'autre part, les
faits qui avaient marqué le début
de l'expédition française, après
l'occupation de Civita-Vecchia,
avaient compliqué la question et
avaient produit une situation nouvelle. Cette situation, dans laquelle le gouvernement ne pouvait pas voir clair, le 8 mai, jour
de mon départ de Paris, au lendemain de la séance de l'Assemblée nationale du 7, ne lui avait
pas permis de me donner des instructions précises et détaillées. Il
m'avait dit : « *Vous vous consa-*
« *crerez exclusivement aux rap-*
« *ports à établir avec les autorités*
« *et les populations romaines. . .*
« . . . . *votre jugement*
« *vous inspirera suivant les cir-*
« *constances.* »

§ 4. En complet désaccord avec
d'Harcourt et avec moi, *puisant
[t]e votre force et tous vos pou-
[vo]irs dans cette circonstance, dont
[j'a]pprécie toute la portée, que vous
[ête]z sur les intentions du gouver-
[ne]ment de la République des don-
[née]s plus récentes, vous disposez
[en] maître de la situation, et vous
[pa]ralysez l'armée.

§ 4. J'ai rendu compte au gouvernement de tous mes efforts
pour arrêter l'élan de l'armée,
élan qui fait sa force et sa gloire,
mais qui, n'étant pas modéré,
dans les circonstances actuelles,
aurait amené une catastrophe sans
remède dont les résultats auraient, suivant ma conviction bien
arrêtée, perdu notre influence et
aidé les projets de nos ennemis
intérieurs et extérieurs.

§ 5. Vous avez, du premier
[cou]p, trop avancé les affaires,
[po]ur que le danger de vous créer

§ 5. Mon but a été de chercher
à découvrir la vérité, à la dire au
gouvernement, à lui préparer une

Note de M. de Rayneval à M. de Lesseps.

Note de M. de Lesseps, en réponse à M. de Rayneval.

des obstacles ne soit pas aussi grand aujourd'hui que ceux où vous me paraissez courir : vous en avez appelé d'ailleurs au jugement suprême du gouvernement. Il est juste d'attendre sa décision qui, j'espère, ne se fera pas attendre.

§ 6. Il se peut que les Romains nous ouvrent leurs portes. Ils tarderont d'autant plus qu'ils verront l'armée moins disposée à agir. Mais, grâce aux conditions que vous avez faites, la question, suivant moi, reculera au lieu d'avancer.

§ 7. Je proteste de toute la force de mes convictions contre ces conditions. Elles entraînent, non-seulement la reconnaissance d'un gouvernement que la République a formellement déclaré ne pas vouloir reconnaître, mais nous

situation nette et à lui permettre de prendre une décision suprême que j'attends avec non moins d'impatience que M. de Rayneval.

§ 6. Je n'ai pas désiré que les Romains nous ouvrissent immédiatement leurs portes. Il fallait laisser aux passions excitées par les événements du 30 avril, le temps de se calmer. Toutes les conditions que j'ai d'abord proposées ne pouvaient pas être acceptées, et j'aurais été fâché qu'elles le fussent, entre autres celle qui aurait consisté à faire faire le service militaire de la ville par nos troupes, conjointement avec celles de Rome. *Le général en chef y tenait beaucoup; mais j'ai toujours déclaré que je la regardais comme un danger, parce qu'elle nous engagerait dans les questions d'administration romaine, plus que nous ne voulions, et qu'elle nous ferait recueillir une partie de l'héritage du pouvoir exécutif actuel,* . . . .

§ 7. Dans mes propositions, il n'y a pas un mot de reconnaissance de la République romaine, et cela est si vrai qu'elles sont regardées par Mazzini lui-même, comme inacceptables et comme ne renfermant au fond rien de

*Note de M. de Rayneval
à M. de Lesseps.*

font faire avec lui alliance offen-
sive et défensive.

Première et grave infraction aux
directions de notre gouvernement,
telles que je les connais.

§ 8. Par le fait, nous jetons le
gant, non-seulement aux trois
puissances qui ont déclaré la
guerre au gouvernement de Rome
et qu'appuie l'Europe entière, mais
à un pouvoir supérieur aux autres, appelé à jouer un rôle important dans nos destinées intérieures : la papauté.

Seconde et grave infraction aux
règles posées par le gouvernement
de la République, qui n'a pas déclaré la guerre à l'Autriche et qui
veut uniquement se mettre en demeure de faire peser du poids qui
convient l'influence française dans
le règlement ultérieur des affaires
de Rome.

*Note de M. de Lesseps, en ré-
ponse à M. de Rayneval.*

plus que la substance de la première proclamation du général
Oudinot devant Civita-Vecchia.
J'ai été chargé de négocier avec
les populations romaines et les autorités de Rome : c'est ce que j'ai
fait; j'ai donc obéi aux instructions écrites de notre gouvernement.

§ 8. Par notre conduite, ici,
nous ne jetons pas le gant aux
trois puissances qui ont déclaré la
guerre au gouvernement de
Rome. Naples a cru devoir agir
militairement; nous ne lui avons
jamais promis de faire marcher
notre drapeau avec le sien, et
lorsque M. le général Oudinot a
été mis en demeure de se prononcer par M. le comte de Ludolf, il
ne lui a laissé aucun doute à ce
sujet. Une dépêche télégraphique
du 10 mai, envoyée par M. le ministre des affaires étrangères à
M. le général Oudinot, lui pres-
crivait de *faire dire aux Romains
que nous ne voulions pas nous
joindre aux Napolitains contre
eux.* Nous ne jetons donc pas le
gant à Naples; nous ne le jetons
pas davantage à l'Espagne, à laquelle j'ai été chargé moi-même
de déclarer que son ambassadeur
à Gaëte séparait, bien à tort, sa
cause de la nôtre, et qu'en joi-
gnant, contre nous, ses conseils à
ceux de l'Autriche, il ne servait ni
les intérêts du pape, ni ceux de

<table>
<tr><td>

Note de M. de Rayneval à M. de Lesseps.

</td><td>

Note de M. de Lesseps, en réponse à M. de Rayneval.

</td></tr>
</table>

<table>
<tr><td></td><td>

l'Espagne. Quant à l'Autriche, ses principes sont tellement différents des nôtres qu'il est fort difficile que nous soyons d'accord ; un semblant d'entente ne nous la rendrait pas favorable et nous aliénerait à jamais les populations romaines. Il faut donc se décider, et si nous avons une chance de ne pas avoir la guerre avec elle, c'est de continuer comme nous avons commencé, à moins de circonstances nouvelles et imprévues, et de fortifier chaque jour davantage notre position militaire et politique dans les États romains . . . . . .

. . . .

</td></tr>
<tr><td>

§ 9. En vous unissant aux ennemis du pape, vous le rejetterez forcément et plus que jamais sous l'influence exclusive de l'Autriche. Tel n'est certes pas le résultat à obtenir.

</td><td>

§ 9. Loin de nous unir aux ennemis du pape nous lui montrons au contraire que nous sommes la seule nation sympathique aux populations romaines, qui puisse servir ses intérêts dans une mesure juste et libérale; et si, dans ce moment, sa puissance spirituelle se trouve même compromise à Rome par les fautes de ses amis imprudents, aussi bien que par la haine de ses ennemis, il se convaincra un jour que *nous seuls* pourrons lui faire ouvrir les portes de la basilique de Saint-Pierre le faisant marcher sur un chemin couvert de fleurs. Il comprendra enfin que tout accès lui serait fermé le jour où, pour passer, il lui faudrait fouler un sol taché du sang qu'il aurait fait répandre.

</td></tr>
</table>

Note de M. de Rayneval à M. de Lesseps.

Note de M. de Lesseps, en réponse à M. de Rayneval.

Des amis sincères de Sa Sainteté m'ont encouragé dans la voie que j'ai suivie, ils l'ont vivement engagée à ne pas me susciter d'obstacles . . . .

§ 10. Est-il bien dans le vœu de la France de tendre la main à un gouvernement qui a commencé par l'assassinat. . . . . et qui ne voit de salut que dans nos bouleversements intérieurs ?

Et remarquez que, du moment où nous reconnaissons ce gouvernement, nous détruisons le seul terrain sur lequel nous puissions nous maintenir. Si, pour nous, ce gouvernement existe, s'il est né de la volonté libre de la nation, nous ne pouvons que le soutenir. Il ne nous est permis de travailler à sa chute, qu'autant qu'il reste à nos yeux ce qu'il est : l'œuvre d'une faction en grande partie composée d'étrangers.

§ 11. Vous paralysez l'armée, oubliant la maxime : *Si vis pacem, para bellum.* Vous exposez l'armée à la démoralisation, aux maladies. L'armée qui veut prouver ce qu'elle sait faire, qui veut jeter une gloire de plus sur le nom français, l'armée est condamnée à capituler.....

§ 10. Il n'est pas plus exact de dire que la République romaine est solidaire de l'assassinat de M. Rossi, que de rendre notre République de 1848 responsable des crimes de 93. La République romaine, que d'ailleurs je n'ai pas été chargé de reconnaître, a succédé par le vote universel au gouvernement qui avait été l'héritier direct du meurtre de M. Rossi, et elle a été proclamée par une Assemblée qui avait pour mission de choisir la forme de gouvernement qui lui conviendrait. Ceci est un fait ; je n'ai pas à en discuter ici les conséquences.

§ 11. Je ne paralyse point l'armée, mais je fais tous mes efforts pour que son ardeur admirable ne la fasse pas dévier de la vraie route. Elle aura bien mérité de la patrie en réservant cette ardeur pour combattre les ennemis de l'indépendance et de l'influence de la France, au lieu de l'employer, par une déplorable erreur, à faire des brèches sur de vieux murs et à détruire les plus beaux monuments du génie an-

Note de M. de Rayneval à M. de Lesseps.

Note de M. de Lesseps, en réponse à M. de Rayneval.

cien et moderne. Ma dépêche n° 6 indique comment notre armée, si brave, si disciplinée et si bien commandée, peut conserver sa position, la fortifier, l'améliorer par un changement de cantonnements, dans le cas où Rome ne nous ouvrirait pas ses portes avant la saison des fièvres.

Ce projet devrait, en bonne politique, être exécuté dès le jour où un arrangement sera conclu entre les Romains et les Français pour éviter tout fâcheux contact, et nous mettre en situation de pouvoir nous retirer, sans inconvénient, le jour où nous aurons terminé notre œuvre et où la France aura besoin de ses soldats. Une position forte dans la ville, où pourra siéger le quartier général avec les forces nécessaires à sa sûreté, sera l'objet de stipulations particulières en cas d'arrangements. J'ai montré à M. de Rayneval, sur le plan de Rome, l'avantage que nous aurions à occuper, sur le Monte-Pincio, une partie de l'Académie de France et toutes les dépendances du magnifique couvent contigu de Notre-Dame-du-Mont ; ces propriétés françaises forment un ensemble de positions militaires. Le grand escalier de Notre-Dame-du-Mont descend dans l'intérieur de la ville, et, jusqu'en 1815, il suffisait à un homme poursuivi par la

Note de M. de Rayneval à M. de Lesseps.

---

§ 12. Pendant que notre armée reste inactive sous les murs de Rome, les Autrichiens avancent et le pape pourrait bien aller rétablir à Bologne, sous leur égide, le siége de son autorité.

Sous les murs de Rome, et quand bien même nous partagerions quelques postes de la ville qui nous seraient gracieusement accordés, serions-nous en état de tenir, soit aux Autrichiens, soit au pape, le langage qui convient à la France? Il ne nous resterait envers les premiers que la violence, moyen extrême qui serait complétement inefficace en face du second.

Note de M. de Lesseps, en réponse à M. de Rayneval.

---

justice de mettre le pied sur la première marche pour jouir de l'inviolabilité du territoire français. Les religieuses du Sacré-Cœur qui l'habitent dans ce moment, et qui ne sont que les locataires du gouvernement français, ont à Rome deux autres fort belles propriétés, où elles pourront se réunir.

§ 12. Les principaux cantonnements de notre armée étant établis à Frascati, à Albano et dans les environs connus sous le nom de camp d'Annibal, nous conserverions nos communications libres avec Civita-Vecchia, la route de Florence, celle de Bologne, celle de Fiumicino par le bac du Tibre ou par le pont qu'a déjà fait préparer le général Oudinot, et nous aurions une nouvelle communication plus courte avec la mer par le *Porto d'Anzio* (Portus Neronis).

Dans une semblable situation, qui est méditée et étudiée dans ce moment par M. le général de division Vaillant, nous ne pourrions pas être considérés comme ayant perdu notre temps et être restés dans l'inaction. La marche des Autrichiens ne devra guère nous inspirer d'inquiétudes. Quant à la crainte de voir le pape aller établir son siége sous l'égide de l'Autriche à Bologne, ville ouverte et sans défense, je ne crois pas qu'elle soit fondée. . . . .

Note de M. de Rayneval à M. de Lesseps.

Note de M. de Lesseps, en réponse à M. de Rayneval.

—

§ 13. Les assemblées primaires, dans des pays comme ceux-ci, n'ont pas la force morale qu'elles peuvent avoir chez nous, parce que chacun sait qu'en Italie les populations sont incapables d'exprimer leur vœu de cette manière. En nous référant à elles du sort futur des États romains, nous déclarons implicitement que nous ne connaissons plus la souveraineté du pape, tandis que nous avons solennellement annoncé à l'Europe que nous respecterions les divisions territoriales admises par les traités.

§ 14. Je ne m'effraie pas le moins du monde des tentatives des missionnaires protestants. Ils peuvent faire du scandale, rien de plus.

§ 15. Un mot encore sur le royaume de Naples. Vous l'exposez à l'invasion des bandes que notre inaction rend à la liberté. Le gouvernement de la République veut-il que l'agitation italienne, à

§ 13. En déclarant aux populations romaines que nous ne leur contestons pas le droit de choisir librement la forme de leur gouvernement, nous n'indiquons pas de quelle manière ce libre choix devra être exercé; et si nous n'agitons pas dans ce moment les questions relatives aux intérêts du Saint-Père, c'est que nous croirions fort imprudent de le faire prématurément, dans la persuasion que le temps seul peut amener un retour volontaire vers lui. Quant à un retour forcé, personne ne peut contester qu'il ne serait pas durable, à moins qu'il ne fût toujours maintenu par la violence qui l'aurait établi.

§ 14. J'ai vu de très-près, à Rome, les menées des protestants. Le danger existe. Il ne serait peut-être que passager, exposé à s'affaiblir ou à disparaître lorsque l'appui sur lequel ils comptent aujourd'hui leur manquerait. Mais comme, en définitive, nous traitons avec la situation présente et non avec celle qui est passée ou à venir, il faut combattre et renverser les éléments contraires qui nous sont opposés.

§ 15. Ce n'est pas nous qui exposons le royaume de Naples à l'invasion des bandes de Garibaldi; c'est le peu de tenue des troupes napolitaines qui s'étaient avancées imprudemment dans les

Note de M. de Rayneval à M. de Lesseps.

Note de M. de Lesseps, en réponse à M. de Rayneval.

---

peine étouffée au nord, au centre et en Sicile, recommence à Naples?

§ 16. J'en ai assez dit pour prouver à quel point je pars affligé de toute cette situation. Je déplorerais autant que vous que l'on ouvrit à la papauté une voie de sang et de ruines. *Il ne faut pas qu'il en soit ainsi.* Suivant moi, une attitude très-ferme de l'armée, une attaque qui, sans autre malheur que la chute de quelques vieilles murailles, nous eût rendus maîtres des hauts quartiers de Rome, aurait décidé la population à se prononcer en notre faveur..... Nous eussions été tout au moins dans une position forte, saine, satisfaisante pour notre orgueil national et pour les nécessités de notre politique. Tôt ou tard on nous aurait reçus sans conditions; on s'en serait remis à notre générosité ; nous n'aurions pas à lutter, comme cela aura lieu si vous réussissez, contre des engagements impossibles à remplir, et qui nous compromettent, de la manière la plus grave, vis-à-vis de l'Europe entière.

§ 17. Je crois de mon devoir de repousser formellement toute responsabilité dans tout ce qui s'est fait depuis le jour de votre arrivée. Mais je ne terminerai pas sans rendre hommage à votre zèle et à vos intentions, sans vous prier de ne voir dans mon extrême

États romains. . . . .

§ 16. Dans la situation où nous nous sommes trouvés jusqu'à présent, une attaque contre Rome, ainsi que je crois l'avoir démontré dans toute ma correspondance avec le ministère, aurait amené, suivant moi, les plus grands désastres et aurait été sans but.....

§ 17. J'assume avec empressement la responsabilité de ce qui se fait devant Rome; je ne demande à personne de la partager avec moi, et j'honore M. de Rayneval d'apporter, dans le développement des idées puisées à la même source patriotique que les

<table>
<tr><td>

Note de M. de Rayneval, à M. de Lesseps.

———

franchise qu'une preuve de confiance en votre caractère, une preuve d'affection déjà ancienne.

Veuillez agréer, etc.

DE RAYNEVAL.

</td><td>

Note de M. de Lesseps en réponse à M. de Rayneval.

———

miennes, des convictions différentes. Je le remercie de sa franchise, qui a si bien répondu à la mienne et à l'affection sincère que je lui porte.

FERD. DE LESSEPS.

</td></tr>
</table>

———

N° 30.

M. de Lesseps à M. le Ministre des affaires étrangères.

Rome, 1er juin 1849.

MONSIEUR LE MINISTRE,

Ma dépêche du 29 mai était accompagnée d'une déclaration, en forme d'ultimatum, adressée, de concert avec M. le général Oudinot, aux autorités romaines. Le résultat que j'espérais a été atteint : neuf heures avant l'expiration du terme fixé, j'ai reçu du président de l'Assemblée constituante et des membres de la municipalité, composée de ce qu'il y a de plus distingué à Rome, des réponses très-satisfaisantes; le pouvoir exécutif chargé de s'entendre avec moi et de mener à fin l'arrangement proposé, m'envoyait en même temps un contre-projet. (Voir page 51.) Ce document en marge duquel j'ai mis immédiatement mes observations était de nature à être pris en considération et me prouvait que les personnes décidées peu de jours auparavant à entraver tout essai de conciliation n'étaient plus maîtresses de la situation. Les pièces ci-jointes mentionnées dans un bordereau et les explications verbales que vous pourrez recevoir de M. le colonel de Maubeuge, vous apprendront comment la conduite, bien imprévue et bien dou - loureuse pour moi, de M. le général Oudinot, a contrarié mes opérations et a été sur le point de les faire échouer....... Malgré une opposition et des difficultés auxquelles je devais être loin de m'attendre, un arrangement a été convenu entre les autorités romaines et moi.

J'ai l'honneur de vous transmettre un des trois originaux, dont le second est resté entre les mains du triumvirat et le troisième a été gardé par M. le général Oudinot. Vous remarquerez que j'ai supprimé l'article 2 du précédent projet où il était question du droit des populations romaines de se prononcer sur la forme de leur gouvernement, droit que d'ailleurs il nous serait difficile de contester, mais dont la reconnaissance, d'après les observations de M. de Rayneval, avait fortement augmenté les susceptibilités de Gaëte...............

Ma position au quartier général serait fausse, elle le serait également à Rome. Je considère donc ma mission comme étant terminée, ou tout au moins forcément suspendue, et je vais recommander à M. de Gérando, les intérêts des Français restés à Rome.................... Mes préparatifs de départ ne seront pas longs, je suivrai de très-près le porteur de cette dépêche.

Veuillez agréer, etc.

FERD. DE LESSEPS.

N° 31.

Le Triumvirat à M. de Lesseps.

Rome, 30 mai.

MONSIEUR,

Nous avons reçu la déclaration du 29 mai que vous nous avez fait l'honneur de nous adresser. L'Assemblée à laquelle copie en a été pareillement adressée, ayant confirmé sa première décision qui nous déléguait tout pouvoir pour traiter, c'est à nous qu'il appartient de répondre. Nous le faisons, Monsieur, avec empressement. Si nous ne nous sommes pas hâté de répondre à votre note du 26, c'est que ne contenant pas de proposition de la part de la France, ni une discussion sur celles que nous avions eu l'honneur de vous communiquer, elle ne paraissait pas réclamer de réponse urgente.

Nous avons soigneusement examiné votre déclaration, et voici les modifications que nous croyons vous soumettre. Comme vous le remarquerez d'un coup d'œil, elles portent beaucoup plus sur la forme que sur le fond.

Nous aurions bien des développements à donner à l'appui
des changements que nous proposons, changements réclamés,
croyez-le bien, Monsieur, non-seulement par les caractères du
mandat que nous tenons de l'Assemblée, mais aussi par le vœu
bien explicite de votre population, en dehors duquel il ne
pourrait y avoir de convention définitive et efficace possible.
Mais le temps presse, et il faut renoncer aux détails. Nous
aimons mieux d'ailleurs nous en fier, pour suppléer à cette
omission, à notre loyauté et à la vive sympathie que vous avez
si souvent exprimée pour notre cause et ses destinées. Ce n'est
pas de la diplomatie, permettez-nous de le répéter, Monsieur,
qui peut se faire entre nous. C'est un appel de peuple à peuple,
franchement et cordialement exprimé, sans méfiance comme
sans arrière-pensée. Plus que toute autre nation, la France est
faite pour l'entendre et pour le comprendre.

Cet appel à la cessation d'un état de choses anormal et qui
entre la République française et nous, après surtout la déclaration de votre Assemblée, et ces sympathies nouvellement
exprimées par le peuple Français à notre égard, deviendrait en
se prolongeant, absolument inconcevable ; nous vous l'adres-
sons aujourd'hui, Monsieur, pour la dernière fois, avec toute la
puissance de conviction et de désir qui vit en nous. Qu'il vous
soit sacré, Monsieur, car il résume les convictions inébranlables
et les désirs ardents d'un peuple petit, mais brave et honnête,
qui se souvient de ses ancêtres, qui n'a pas oublié qu'ils ont fait
quelque chose pour le monde, et qui combattant aujourd'hui
pour une cause sacrée, celle de son indépendance et de sa liberté,
est bien irrévocablement décidé à suivre leurs traces. Le peuple, Monsieur, a le droit d'être compris par la France et de trouver en elle un appui et non une puissance hostile. Il a le droit de
trouver dans la France *fraternité* et non une *protection* dont la
demande aujourd'hui serait interprétée par l'Europe même
comme un cri de détresse, comme une déclaration d'impuissance, l'avilissant à ses propres yeux, et le rendant indigne de
cette amitié de la France sur laquelle il a toujours compté. Ce
cri de détresse ne lui sied pas ; il n'y a pas d'impuissance pour
un peuple qui sait mourir ; et il serait peu généreux de la part

d'une nation grande et fière de méconnaître le beau sentiment qui inspire ce peuple.

Il faut, Monsieur, que cet état de choses cesse; il faut que la Fraternité ne soit pas entre nous un simple mot sans résultats pratiques; il faut que nos courriers, nos troupes, nos armes puissent librement circuler pour notre défense sur toute l'étendue de notre territoire. Il faut que les Romains ne soient plus condamnés à regarder avec soupçon des hommes qu'ils étaient habitués à regarder comme des amis. Il faut que nous puissions nous défendre avec toutes nos ressources, contre les Autrichiens qui bombardent nos villes. Il faut qu'on ne puisse plus nulle part méconnaître les bonnes et loyales intentions de la France. Il faut qu'on ne puisse pas dire en Europe qu'elle nous ravit nos moyens de défense pour nous imposer plus tard une protection qui sauverait notre intégrité territoriale sans sauver ce que nous avons de plus cher au monde, notre honneur et notre liberté.

Faites cela, Monsieur, bien des difficultés s'applaniront, bien des liens sympathiques affaiblis aujourd'hui se resserreront. Et la France aura conquis droit de conseil envers nous, d'une manière bien plus efficace que par l'état apparent d'hostilité qui subsiste aujourd'hui entre nous.

Les cantonnements qui nous paraîtraient dès aujourd'hui convenables seraient sur la ligne qui s'étend de Frascati à Villetri.

Le préambule à la déclaration peut être adopté tel quel.

Agréez, etc.

Les triumvirs,

C. ARMELLINI, G. MAZZINI, A. SAFFI.

N° 32.

Le général Oudinot à M. de Lesseps.

Au quartier général, le 31 mai 1849.

M. LE MINISTRE PLÉNIPOTENTIAIRE,

Vous avez, depuis le 17 de ce mois, paralysé tous les mouvements du corps expéditionnaire sous mes ordres.

Vous m'aviez demandé avec insistance que la trêve, promise verbalement par vous aux troupes romaines, fût prorogée jusqu'à ce que le ministère pût faire connaître sa réponse aux dépêches dont M. de La Tour d'Auvergne était porteur. Bien que ce retard fût, dans ma conviction, très-préjudiciable aux opérations militaires, j'ai souscrit à votre désir afin d'éviter jusqu'aux apparences d'un dissentiment entre nous. Depuis ce temps, les troupes romaines ont pu se porter partout où elles ont cru qu'il était de leur intérêt de le faire. J'ai, au contraire, renfermé mes opérations dans la partie du territoire qui avait Civita-Vecchia pour base. Vous avez proposé, le 29 de ce mois, aux autorités romaines, un *ultimatum* dont j'ai accepté les termes, bien que certaines conditions qui y sont stipulées fussent loin de me donner une entière satisfaction.

Dans la journée même, vous m'avez écrit de Rome que cet ultimatum allait, selon toute probabilité, être accepté le soir, et, contrairement à toute prévision, vous me déclarez que vous avez signé avec la république romaine des conventions auxquelles vous espérez que j'apposerai ma signature.

Ces conventions sont en opposition formelle avec les instructions que j'ai reçues. Je les crois contraires aux volontés de mon gouvernement ; non-seulement je ne leur donnerai pas mon assentiment, mais je les considère comme non avenues, et je suis forcé de le déclarer aux autorités romaines. Quand le ministère aura fait connaître, à la suite de la mission de M. de La Tour d'Auvergne, ses intentions, je m'y conformerai scrupuleusement. En attendant, j'ai le regret d'être dans l'impossibilité de concerter désormais mon action politique avec la vôtre.

OUDINOT.

N° 33.

M. de Lesseps à M. Oudinot.

Rome, 1ᵉʳ juin 1849.

MONSIEUR LE GÉNÉRAL EN CHEF,

Vos deux lettres du 31 mai, dont j'expédie des copies au gouvernement, me sont parvenues l'une hier à sept heures du soir, la seconde ce matin à six heures.

Voici ma réponse :

J'ai suivi avec dévouement et abnégation personnelle les directions du gouvernement de la république. Le jour où vous m'avez fait, en présence de témoins, les scènes les plus scandaleuses que mon sang froid seul et ma détermination bien arrêtée ont empêché de convertir en lutte violente, le jour où, me mettant complétement à l'écart, vous avez répondu à ma confiance en ordonnant secrètement à tous vos chefs de corps de commencer les hostilités à l'improviste et dans l'ombre de la nuit, ce jour-là mon parti a été pris irrévocablement.

J'avais laissé entre vos mains, avant-hier à huit heures du matin et à trois heures du soir, et à six heures du matin, le 30, trois notes dont j'envoie également les copies à M. le ministre des affaires étrangères. Ces documents prouveront que, devinant vos projets, je vous avais mis en demeure de ne pas les exécuter. Vous avez bien voulu supposer qu'ayant adressé un ultimatum aux autorités romaines, la déclaration que je vous avais faite que ma mission serait terminée, et que les hostilités pourraient recommencer à partir du moment de l'expiration du terme fixé, était absolue et indépendante de toute circonstance nouvelle.

Mais je vous ai dit, en temps opportun, et je vous répète que, neuf heures avant la fin du délai (qui était de vingt-quatre heures), les autorités romaines avaient répondu à notre ultimatum ; qu'elles m'avaient envoyé un contre-projet, que le simple bon sens, les principes élémentaires de la diplomatie, et, plus que tout autre mobile, l'humanité nous commandaient de prendre en considération.

Vous avez à peine eu le temps de jeter les yeux sur cet écrit, ainsi que sur les lettres de la municipalité de Rome, du président de l'Assemblée constituante et du Pouvoir exécutif romain. Vous m'avez renvoyé le dossier par votre premier aide de camp M. Espivent. Ce dernier m'a prévenu que vous étiez trop occupé des détails de votre service et des ordres à donner à l'armée pour l'examiner dans ce moment avec attention ; vous avez ensuite réuni les généraux Vaillant, Regnault Saint-Jean d'Angely, Mollière, l'intendant en chef de l'armée et votre chef d'état-major le colonel de Tinan. En leur présence, malgré vos cris, vos injures et vos gestes menaçants, j'ai donné avec calme lecture de toutes les pièces ainsi que de mes notes de la journée à vous adressées. Mes représentations étant devenues inutiles, ayant formellement refusé de m'associer à vos projets d'attaque nocturne, sans avis préalable aux autorités romaines, acte inouï qui aurait peut-être fait massacrer la colonie française de Rome, je me suis retiré. Je tiens à constater ici que toutes les personnes présentes à la réunion ont observé envers le représentant officiel de la république, l'attitude la plus convenable, à l'exception du général Regnault Saint-Jean d'Angely.

La réflexion et des conseils énergiques et éclairés, vous ont permis de révoquer, au dernier moment, vos ordres de recommencer les hostilités. Mais ces ordres ne sont pas arrivés assez à temps pour empêcher l'occupation de *Monte-Mario,* où vous n'avez pas rencontré de résistance parce que j'avais pu à l'avance faire connaître à Rome, par mon secrétaire particulier M. Le Duc, que l'on ne devait pas s'inquiéter de vos mouvements, destinés seulement à vous assurer des positions dont les armées étrangères en marche sur Rome pourraient s'emparer contre nous.

Sans cet avis et sans mon retour à Rome, le tocsin eût été sonné, la garnison et la population de la ville, jusqu'aux femmes du Transtevère, armées de leurs couteaux, auraient fait l'assaut de *Monte-Mario*; je sais que nos braves soldats s'y seraient maintenus, mais les conséquences d'une attaque et d'un assaut acharnés auraient atteint au cœur notre patrie.

Parti du quartier général après vous avoir remis ma dernière note, et éclairé sur les inconvénients à craindre de l'entrée immédiate de l'armée française à Rome, où vous auriez pu compromettre les intérêts que j'avais à défendre, j'ai rédigé *seul* un nouveau projet d'arrangement entièrement conforme aux directions que j'avais reçues du gouvernement de la république. Ce projet adopté après quelques discussions par le Pouvoir exécutif a été approuvé à l'unanimité (moins trois voix), par l'Assemblée constituante.

Je vous en ai remis, avant de le signer, un exemplaire accompagné d'une déclaration; j'avais commencé par vous donner lecture de mes instructions du 8 mai.

Quant à votre déclaration, M. le général en chef, de considérer comme non avenu l'arrangement qui a été régulièrement signé hier entre le Pouvoir exécutif et moi, c'est à notre gouvernement à prononcer, et, suivant l'usage, vous ne pourrez l'enfreindre sur aucun point avant la ratification ou la non-ratification.

L'envoyé extraordinaire et ministre plénipotentiaire de la République française en mission à Rome,

Ferd. de Lesseps.

P. S. Le triumvirat me transmet en communication la copie d'une lettre que vous lui avez adressée ce matin et de sa réponse. La démarche que vous avez faite est déplorable, parce qu'elle met au grand jour un dissentiment politique dont notre gouvernement était seul juge, et qui, provisoirement, devait rester entre nous.

———

N° 34.

Le triumvirat à M. de Lesseps.

1er juin 1849.

Nous avons reçu ce matin, à six heures et un quart, une sorte de protestation du général Oudinot contre notre convention d'hier ; nous vous en donnons copie, en y ajoutant également copie ne notre réponse.

Au nom du triumvirat,

Signé, Joseph Mazzini.

———

N° 35.

Le général Oudinot aux triumvirs.

Au quartier général, le 31 mai 1849.

Messieurs les triumvirs,

J'ai eu l'honneur de vous faire savoir ce matin que j'acceptais pour mon compte *l'ultimatum* qui vous a été transmis, le 29 de ce mois, par M. Lesseps.

A mon grand étonnement, M. Lesseps m'apporte, à son re-

11

tour de Rome, une sorte de convention en opposition complète avec l'esprit et la base de l'*ultimatum*. Je suis convaincu
qu'en la signant, M. Lesseps a dépassé ses pouvoirs.

Les instructions que j'ai reçues de mon gouvernement m'in-
terdisent formellement de m'associer à ce dernier acte. Je le
regarde comme non avenu, et il est de mon devoir de vous le
déclarer sans retard.

Signé, le général OUDINOT DE REGGIO.

N° 36.

Les triumvirs au général Oudinot.

Rome, 1er juin.

MONSIEUR LE GÉNÉRAL,

Nous recevons à l'instant, avec étonnement et regret, votre
dépêche du 31 mai.

Le désaccord entre le général en chef de l'armée expéditionnaire et le ministre plénipotentiaire de France est un fait auquel nous étions en droit de ne pas nous attendre ; ce désaccord se produisant au sujet d'une convention dont l'esprit ré-
pond entièrement aux vœux explicites émanés dernièrement
de l'Assemblée française et aux justes sympathies de votre
nation, est un fait très-déplorable, et qui peut produire de
graves conséquences dont la responsabilité ne nous appartient pas.

Nous espérons que pour le bien de Rome et pour l'intérêt
moral de la France, ce désaccord ne tardera pas à disparaître.

Pour le triumvirat,

Signé, JOSEPH MAZZINI.

N° 37.

M. de Lesseps au triumvirat.

1er juin, 10 heures du matin.

MESSIEURS,

En réponse à la communication que vous m'avez adressée ce
matin contenant une lettre du général en chef de l'armée fran-

çaise et votre réponse, j'ai l'honneur de vous déclarer que je maintiens l'arrangement signé hier et que je pars pour Paris, afin de le faire ratifier. Cet arrangement a été conclu en vertu de mes instructions qui m'autorisaient à me consacrer *exclusivement aux négociations* et aux rapports à établir avec les autorités et les populations romaines.

Veuillez agréer, etc.

FERDINAND DE LESSEPS.

N° 38.

M. de Lesseps à M. le ministre des affaires étrangères.

Rome, 1er juin.

MONSIEUR LE MINISTRE,

M. de Gérando vient de recevoir du quartier général et de me remettre, ouverte, la dépêche télégraphique que vous m'avez adressée le 29 mai à 4 heures du soir. Elle me trouve prêt à partir. J'envoie chercher des chevaux de poste et je voyagerai probablement assez vite pour rejoindre le porteur de ma dépêche de ce matin. Le général Oudinot fait répandre partout la nouvelle de mon rappel à Paris, qu'il dit être une révocation, et il a même eu l'imprudence d'expédier à Civita-Vecchia, plusieurs copies de l'arrangement sur lequel vous aurez à prononcer, ainsi que de sa correspondance avec le triumvirat et avec moi, relative à son refus de ne pas reconnaître ledit arrangement. J'avais cependant prévenu M. le général en chef qu'il était d'usage de ne pas publier les conventions qui attendent la ratification ou la non-ratification du gouvernement.

Veuillez agréer, etc.

FERDINAND DE LESSEPS.

N° 39.

Le ministre des affaires étrangères à M. Ferdinand de Lesseps[1],

Paris, le 25 mai 1849.

Monsieur,

J'ai reçu les dépêches des 16, 18 et 19 mai que vous m'avez fait l'honneur de m'écrire. Le projet de convention joint à la première a appelé toute l'attention du gouvernement de la République, et je dois vous dire qu'il nous a paru impossible d'en concilier la pensée avec les instructions qui vous avaient été remises, avec celles qu'avait reçues auparavant M. le général Oudinot et qui vous sont devenues communes. Nous avons constamment déclaré que la France ne reconnaissait pas la République romaine, le gouvernement du Saint-Père n'a cessé d'être à nos yeux le gouvernement romain, et en vous autorisant à faire avec les hommes investis maintenant du pouvoir les *arrangements partiels* qui vous paraîtraient propres à faciliter le rétablissement de l'ordre sur des bases favorables aux intérêts des peuples, je vous avais expressément recommandé d'éviter non-seulement *toute parole, toute stipulation,* dont on pourrait induire que *nous les considérons comme constituant un gouvernement régulier,* mais encore *tout ce qui pourrait éveiller les susceptibilités du saint-siége.*

Le troisième article du projet de convention que vous m'envoyez est en contradiction évidente avec de telles prescriptions, puisqu'il tend à maintenir, à consacrer en quelque sorte, sauf une modification sans portée, le gouvernement actuellement existant à Rome pour qu'il puisse présider à l'établissement d'un gouvernement définitif dont la création aurait lieu en dehors de toute action du Saint-Père. Vous devez donc comprendre qu'il nous est absolument impossible de sanctionner un

---

[1] Cette copie dont l'original n'avait pas eu matériellement le temps de me parvenir à Rome avant mon départ, m'a été remise à Paris, le 9 juin. Elle ne doit donc figurer ici qu'à titre de document supplémentaire et ne pas être comprise parmi les pièces présentées à l'appui des actes relatifs à ma mission.

pareil arrangement, qui mettrait le gouvernement de la République en contradiction évidente avec la politique suivie jusqu'à présent par lui dans cette question.

· Vous voudrez bien prendre, suivant les circonstances, les dispositions nécessaires pour vous replacer sur le terrain indiqué par vos instructions.

Signé, DROUYN DE LHUYS.

Cette dépêche tardive montre que les dispositions du gouvernement commençaient à devenir moins favorables *à une conciliation quelconque* avec les Romains, à mesure que s'éloignait la date du vote du 7 mai et que s'approchait le jour où l'Assemblée constituante allait céder la place à l'Assemblée législative.

L'art. 3 du premier projet de convention est celui dont j'avais annoncé la suppression par une dépêche du 22, ayant moi-même prévu, ainsi que je le disais au ministre, les objections qui pourraient lui être faites.

———

N° 40.

Le ministre des affaires étrangères à M. de Lesseps.

Paris, le 9 juin 1849.

MONSIEUR,

J'ai l'honneur de vous envoyer ci-joint copie d'un décret de M. le Président de la République, qui défère au conseil d'État la connaissance des faits relatifs à la mission dont vous avez été chargé en Italie.

Recevez, etc.

ALEXIS DE TOCQUEVILLE.

———

N° 41.

RÉPUBLIQUE FRANÇAISE.

LIBERTÉ, ÉGALITÉ, FRATERNITÉ.

Au nom du peuple français,

Le Président de la République française, sur le rapport du ministre des affaires étrangères, le conseil des ministres entendu ;
Vu l'article 99 de la Constitution,

Décrète :

L'examen des actes de M. de Lesseps relatifs à la mission qui vient de lui être confiée en Italie, est déféré au conseil d'État, dont le rapport sera rendu public.

Paris, le 9 juin 1849.

Signé, L.-N. BONAPARTE.

Le ministre des affaires étrangères,

Signé, ALEXIS DE TOCQUEVILLE.

N° 42.

M. de Lesseps à M. le ministre des affaires étrangères.

Paris, le 15 juin 1849.

MONSIEUR LE MINISTRE,

J'ai reçu, le 12 seulement, la lettre que vous m'avez fait l'honneur de m'écrire le 9, et à laquelle se trouvait jointe la copie d'un décret de M. le Président de la République qui défère au conseil d'État la connaissance des faits relatifs à la mission dont j'ai été chargé en Italie.

Je désire que mes actes soient examinés le plus promptement possible par une réunion d'hommes consciencieux et impartiaux. Jusqu'à ce moment la plus grande réserve m'est imposée par le sentiment de mes devoirs. Les insinuations calomnieuses de la presse et même des paroles prononcées à la tribune de l'Assemblée nationale par M. le président du conseil des ministres ne me feront pas sortir de cette réserve. J'ai la confiance que la vérité finira par se faire connaître. On saura alors sur qui devra tomber la responsabilité des malheurs que j'avais prévus dès le début de ma mission, auxquels j'ai toujours refusé de m'associer, et que je n'ai cessé de signaler dans toute ma correspondance avec votre prédécesseur.

Il résulte d'une communication qui m'a été faite par la direction politique, que, depuis mon départ de Toulon, une seule dépêche m'a été adressée par le département, le 25 mai. Il n'est donc pas étonnant que, parti de Rome le 1er, à la réception de la dépêche télégraphique du 29 mai qui me rappelait, je n'aie rien reçu pendant tout le cours de ma mission, car la dépêche portant la date du 25 n'aura sans doute été expédiée que le 26 ou le 27.

Des journaux ont reproduit, peu de temps après mon arrivée à Paris, l'arrangement soumis à votre ratification ou à votre rejet, ainsi qu'une correspondance qui a eu lieu entre M. le général Oudinot et moi. J'avais eu le soin d'annoncer par ma dépêche politique, du 1er juin, de quelle manière ces documents avaient dû être répandus à Civita-Vecchia, malgré les conseils que j'avais préalablement donnés au quartier général.

Veuillez agréer, etc.,

FERDINAND DE LESSEPS.

N° 43.

A M. le vice-président de la République, président du conseil d'État, à Paris.

Paris, le 9 juillet 1849.

MONSIEUR LE PRÉSIDENT,

Un mois s'est écoulé depuis la publication du décret du 9 juin, qui défère au conseil d'État l'examen des actes relatifs à ma mission en Italie, et qui m'a été communiqué, à la même date, par M. le ministre des affaires étrangères.

J'ai cru devoir m'abstenir jusqu'à présent de provoquer moi-même l'exécution de cette décision. J'ai attendu que le conseil d'État fût reconstitué et que la nouvelle de l'entrée de notre armée à Rome fût parvenue à Paris ; mais aujourd'hui les motifs de ma réserve n'existant plus, je vous prie, M. le président, de vouloir bien prendre des mesures afin qu'il soit donné suite au decret de M. le Président de la République.

Veuillez agréer, etc.,

FERDINAND DE·LESSEPS.

FIN.

9 782013 468770

EXERCICES
ORTHOGRAPHIQUES

ou

NOUVELLE PRAXIGRAPHIE

CONTENANT

Des phrases de choix, adaptées graduellement à chaque principe de l'Abrégé de la Grammaire française classique, applicables à toutes les grammaires et destinés à faciliter l'enseignement du Professeur et les progrès de l'Élève.

CES EXERCICES

Donnent, par des enseignements nouveaux et importants, une nouvelle physionomie à l'étude de la grammaire. En complétant la partie de l'Orthographe et de l'Analyse, ils traitent, de plus que les autres ouvrages, de la partie *Syllabique*, *Logotechnique* et *Synthétique* ou *Phraséologique*, trois parties aujourd'hui indispensables pour le complément des études grammaticales.

OUVRAGE

Recommandé par Mgr l'Évêque de LAVAL, ancien Évêque de Fréjus, et adopté par les Instituteurs et les Institutrices de Marseille.

Par AUGUSTE FENOUIL,

Auteur d'un RECUEIL étymologique et instructif de plusieurs milliers de mots français, scientifiques, dérivés du grec, adopté par la Société des Instituteurs et des Institutrices de Paris.

TROISIÈME ÉDITION.

La théorie est imparfaite sans l'expérience, et l'expérience sans la théorie n'est qu'une misérable routine. (DE SURGÈRES.) Les meilleures leçons sont celles d'un maître guidé par une bonne méthode.

PARIS,

Chez L. HACHETTE, rue Pierre-Sarrasin, 12.
Et chez les principaux Libraires classiques.

EXERCICES
ORTHOGRAPHIQUES

OU

NOUVELLE PRAXIGRAPHIE.

CONTENANT

Des phrases de choix, adaptées graduellement à chaque
principe de l'Abrégé de la Grammaire française classique,
applicables à toutes les grammaires et destinés à faciliter
l'enseignement du Professeur et les progrès de l'Élève.

CES EXERCICES

Donnent, par des enseignements nouveaux et importants,
une nouvelle physionomie à l'étude de la grammaire. En
complétant la partie de l'Orthographe et de l'Analyse, ils
traitent, de plus que les autres ouvrages, de la partie *Syllabique, Logotechnique* et *Synthétique* ou *Phraséologique*,
trois parties aujourd'hui indispensables pour le complément
des études grammaticales.

OUVRAGE

Recommandé par Mgr l'Évêque de LAVAL, ancien Évêque de Fréjus, et
adopté par les Instituteurs et les Institutrices de Marseille.

PAR AUGUSTE FENOUIL,

Auteur d'un RECUEIL étymologique et instructif de plusieurs
milliers de mots français scientifiques dérivés du grec,
adopté par la Société des Instituteurs et des Institutrices
de Paris.

TROISIÈME ÉDITION.

La théorie est impartiale sans l'expérience, et l'expérience
sans la théorie n'est qu'une misérable routine. (DE SURGÈRES.)
Les meilleures leçons sont celles d'un maître guidé par
une bonne méthode.

PARIS,

Chez L. HACHETTE, rue Pierre-Sarrasin, 12.
Et chez les principaux Libraires classiques.

1857

Ouvrages du même Auteur,

Formant le cours le plus complet et le plus métho-
dique de langue française.

		F.	C.
GRAMMAIRE FRANÇAISE CLASSIQUE , à l'usage des classes supérieures, 4e *édition*...........		1	50
EXERCICES SYNTAXIQUES OU GRAMMAIRE EN EXEMPLES, calqués sur la Grammaire développée, à l'usage des classes supérieures, 3e *édition*.		1	50
CORRIGÉ DES EXERCICES SYNTAXIQUES., ...		2	»

	F.	C.
ABRÉGÉ DE LA GRAMMAIRE FRANÇAISE CLASSIQUE à l'usage des classes élémentaires, 3e *édition*	1	25
EXERCICES ORTHOGRAPHIQUES adaptés à l'Abrégé de la Grammaire pour les classes élémentaires	1	50
ALPHABET RAISONNÉ pour apprendre à lire correctement , et faciliter surtout les premiers principes de l'orthographe...............	0	50
RECUEIL ÉTYMOLOGIQUE et instructif de plusieurs milliers de mots français scientifiques dérivés du grec................	1	»

Les formalités voulues par la loi ont été remplies, et
toute contrefaçon sera poursuivie.

MARSEILLE.

IMPRIMERIE ET LITHOGRAPHIE ULES BARILE, RUE PARADIS, 15.